岁月留痕 6

SUIYUE LIUHEN

主编 林楚涛

编者的话

亲爱的同学，当你打开这本书时，你就开启了一段惬意的旅程。从相遇、相知，到相伴前行，淡淡的书香将一直萦绕在你身边。

在初中语文教材里，你会读到许多名篇佳作，你将会沉浸在充满智慧、有温度的文字世界中，语文素养自然会得到提升。面对神秘奇幻的自然、日新月异的世界、渐趋丰盈的人生，每册教材中的二十几篇课文，恐怕很难再满足你的阅读需求，你的阅读理应更广泛、更自由、更专业。如何让课内外读物有机融合成滋养你成长的沃土？如何让点滴的阅读收获汇聚成助推你遨游书海的动力？我们汇聚全国各地的名师，在研读教材的基础上精选文章，设计帮你实现高效阅读、自主学习的平台和支架……

于是，便有了摆在你面前的这本书。

这本书分为经典诵读、单元学习、整本书阅读三个板块。

第一个板块是“经典诵读”，所选古诗词历久弥新。针对诗词中可能会给你造成阅读障碍的生字难词，我们加注了读音和注释，且辅以专业诵读音频供你赏听以及鉴赏资料供你查阅。希望你能利用每天的晨读或其他课余时间反复诵读，持之以恒，假以时日，定能厚积薄发。

第二个板块是“单元学习”，我们精心挑选了一组与课文主题相关的文章，组合成一个阅读单元，让你在学习课文的基础上拓展阅读更多佳作；针对教材中的每个写作主题，我们也选取了相应的文章（含片段）组成单元，为你的写作指引方向或触发灵感。其中“范文阅读”“组文阅读”“自由阅读”和“类文阅读”四个小标签可提示你采用不同的方式进行阅读。选文之外还附有单元导语、旁批、学习提示、单元学习任务等助读工具，为你的自主阅读提供助力。

带有“范文阅读”标签的文章最贴近教读课文的学习要点，你可以在学过教读课文后，参看这些范文中的旁批和文后的学习提示进行阅读，习得课内所学。

带有“组文阅读”标签的文章都与教读课文主题相关，帮助你在多篇文章的比较阅读中拓宽视野、发展思维、形成能力。阅读时，你可以参看文后的单元学习任务，运用阅读所得解决实际问题，提升语言文字的实际运用能力。

带有“自由阅读”标签的文章与自读课文相关联，你可以根据自己的需要、兴趣自主选择阅读，多读、少读、深读、浅读皆可，如能养成边读边做批注的习惯，你会邂逅更多精彩与惊喜。

带有“类文阅读”标签的是一组与单元写作要求相匹配的文章。这组文章的首篇附有旁批，配合单元写作重点为你的写作实践提供技巧点拨。

第三个板块是“整本书阅读”，推荐书目多为《义务教育语文课程标准（2011版）》中建议初中生阅读的名著。我们设计了“阅读导航”“精彩选篇”“阅读规划”“交流平台”等助读工具，若能激发你的阅读兴趣，为你提供科学的方法指导，助你养成主动阅读整本书的习惯，我们将由衷地感到欣慰。

愿这本书能陪伴着你在阅读的黄金时期，与经典交流，与大师对话，帮助你积累知识，开阔视野，丰富心灵，培育精神，做睿智、优雅的人！

顾之川

第二单元 智者无惑

范文阅读

组文阅读

第三单元 各领风骚

自由阅读

第四单元　诗意盎然

范文阅读

组文阅读

第五单元　表达要得体

类文阅读

第六单元　中国精神

整本书阅读

经典诵读

在经典中浸润，在诗海中徜徉，让心灵开始一次雅韵悠长的旅程。从《诗经》到宋词，从田园到边塞，从婉约到豪放，从现实主义到浪漫主义……那些作品，或率真质朴，或清幽缠绵，或慷慨刚健，或隽永蕴藉，寄托了中华儿女的家国情怀，传承着博大精深的中华文明。

有了诗词的濡染，我们的学习自当渐入佳境；有了经典的浸润，我们的生活定会异彩纷呈。

扫码收听朗诵音频

1. 归园田居（其三）

⊙〔晋〕陶渊明

种豆南山①下，草盛豆苗稀。
晨兴②理③荒秽④，带⑤月荷⑥锄归。
道狭草木长⑦，夕露⑧沾我衣。
衣沾不足⑨惜，但使愿无违⑩。

赏析

这首诗通过对躬耕田园的具体描写，表现了诗人对田园生活的热爱。前六句都是写田间劳作的艰辛。“草盛豆苗稀”，表明除草保苗难，劳动强度大。正因为如此，诗人只好“晨兴”而作，“带月”而归。晚凉生露，夜将深了，疲惫的身体贴着露水沾湿的衣服，尽管如此，诗人非但不叫苦，却说“不足惜”，原因在于苦中有乐，只求“无违”“聊为陇亩民”的心愿。结尾两句是全诗之眼，表达了作者不愿同流合污，安于清贫，隐逸山野，洁身自好的志向。

---

① 南山：指庐山。

② 晨兴：早起。

③ 理：清理。

④ 秽（huì）：指田中的杂草。

⑤ 带：一作“戴”，头顶着。

⑥ 荷（hè）：扛着，背着。

⑦ 草木长（zhǎng）：草木丛生。

⑧ 夕露：傍晚的露水。

⑨ 不足：不值得。

⑩ 愿无违：不违背自己的意愿。愿，指隐居躬耕的愿望。违，违背。

扫码收听朗诵音频

2. 古风五十九首（其十九）

⊙〔唐〕李白

西上莲花山①，迢迢②见明星③。
素手④把芙蓉，虚步⑤蹑太清⑥。
霓裳⑦曳⑧广带，飘拂升天行。
邀我登云台⑨，高揖卫叔卿⑩。
恍恍与之去，驾鸿凌紫冥⑪。
俯视洛阳川，茫茫走胡兵⑫。
流血涂野草，豺狼⑬尽冠缨⑭。

---

① 莲花山：即西岳华山，又称太华山。

② 迢（tiáo）迢：遥远的样子。

③ 明星：神话中的华山仙女。

④ 素手：洁白的手。

⑤ 虚步：凌空而行。

⑥ 太清：天空。

⑦ 霓裳：虹霓做成的衣裳，仙人的服装。

⑧ 曳（yè）：拖。

⑨ 云台：华山东北部的高峰，上有云台观。

⑩ 卫叔卿：传说中的仙人名。《神仙传》说他是中山人，服云母成仙，汉武帝派人寻找他，终于在华山的绝壁下面望见他与数仙人在石上下棋。

⑪ 紫冥：天空。

⑫ 胡兵：指安史叛军。天宝十四载（755）十二月，安史叛军攻破洛阳。

⑬ 豺（chái）狼：指安禄山部下那些残害百姓的官吏。

⑭ 冠缨：做官人的装束，这里是做官吏的代称。安禄山在洛阳称帝设朝，作者以“豺狼尽冠缨”给予鞭笞。

李白的《古风》五十九首并非作于同一时间，题材、主题也互不相关，但都用五言古体，故合在一起，冠以《古风》的总题目。这里所选的是第十九首，作于天宝十五载（756）春。当时安禄山已攻陷洛阳，自称大燕皇帝，作者逃至华山，感慨于现实而作此诗。诗歌前面大部分内容写游仙，而结尾落到洛阳惨不忍睹的现状，从极大的反差中深化了主题。

古代诗人评李白

昔年有狂客，号尔谪仙人。笔落惊风雨，诗成泣鬼神。（杜甫《寄李十二白二十韵》）

白也诗无敌，飘然思不群。清新庾开府，俊逸鲍参军。（杜甫《春日忆李白》）

李杜文章在，光焰万丈长。不知群儿愚，那用故谤伤！（韩愈《调张籍》）

而李太白、杜子美以英玮绝世之姿，凌跨百代，古今诗人尽废，然魏、晋以来高风绝尘，亦少衰矣。（苏轼《书黄子思诗集后》）

当年宫殿赋昭阳，岂信人间过夜郎。明月入江依旧好，青山埋骨至今香。不寻饭颗山头伴，却趁汨罗江上狂。定要骑鲸归汗漫，故来濯足戏沧浪。（辛弃疾《忆李白》）

扫码收听朗诵音频

3. 春日忆李白

⊙〔唐〕杜甫

白也诗无敌，飘然思不群①。
清新庾开府②，俊逸鲍参军③。
渭北④春天树，江东⑤日暮云。
何时一樽酒，重与细论文⑥。

赏析

李白和杜甫的友谊，首先是因诗歌结成的，这首怀念李白的五律，是天宝五载（746）或六载春杜甫居长安时所作，主要就是从这方面来落笔的。对李白奇伟瑰丽的诗篇，杜甫在题赠或怀念李白的诗中总是大加赞扬。从此诗坦荡率真的赞语中，也可以看出杜甫对李白诗是何等钦仰。不仅表达了他对李白诗的无比喜爱，也体现了他们的诚挚友谊。清代浦起龙说“此篇纯于诗学结契上立意”，道出了这首诗内容和结构上的特点。全诗以赞诗起，以“论文”结，由诗转到人，又由人回到诗，转折过渡极其自然，通篇始终贯串着一个“忆”字，把对人和对诗的倾慕，结合得自然不露痕迹。以情寓景的手法，更是出神入化，把作者的思念之情表现得深厚无比，情韵绵绵。

---

① 不群：不同于一般人。

② 庾开府：指庾信。在北周官至骠骑大将军、开府仪同三司（司马、司徒、司空），世称庾开府。其五言诗风格清新。

③ 鲍参军：指鲍照。南朝宋时任荆州前军参军，世称鲍参军。其诗风俊逸豪放。

④ 渭北：渭水北岸，借指长安（今陕西省西安市）一带，当时杜甫在此地。

⑤ 江东：即今江苏省南部和浙江省北部一带，当时李白在此地。

⑥ 论文：即论诗。六朝以来，通称诗为文。

扫码收听朗诵音频

4. 石头城[1]

⊙〔唐〕刘禹锡

山围故国[2]周遭在，潮打空城寂寞回。
淮水[3]东边旧时月，夜深还过女墙[4]来。

赏析

这是一首凭吊古迹的诗。从三国孙权时起，金陵一带就被统治者设城防守，并建筑宫殿，经过多次建设，也遭受过多次战争。然而繁华已成陈迹，硝烟也早已散尽，眼前只剩下寂寞的空城、单调的潮声、月下的女墙。诗歌共四句，写了三个景象，看似不连续，却有统一的意脉贯穿。青山围抱、江浪无尽、皓月洞照的夜景渲染出了浑厚的诗境。

---

① 石头城：故址在今南京市清凉山一带，秦淮河沿山边流入长江。从东吴起设城防守，并建过宫殿。这里即指南京。

② 故国：指古石头城。

③ 淮水：即秦淮河。

④ 女墙：古时城墙上的城垛称女墙。

扫码收听朗诵音频

5. 放言[①]五首（其三）

⊙〔唐〕白居易

赠君一法决[②]狐疑，不用钻龟[③]与祝蓍[④]。
试玉要烧三日满[⑤]，辨材须待七年期[⑥]。
周公[⑦]恐惧流言日，王莽[⑧]谦恭未篡[⑨]时。
向使[⑩]当初身便死，一生真伪复谁知？

---

① 放言：言论放肆，不受拘束的意思。

② 决：判定。

③ 钻龟：古代占卜的一种方法，在龟壳上钻灼，以裂痕定吉凶。

④ 祝蓍（shī）：也是占卜的一种方法。蓍，蓍草，古人用它的茎来占卜。

⑤ 试玉要烧三日满：识别玉的真假，要烧它三天。

⑥ 辨材须待七年期：辨别枕木和樟木，要经过七年。期，满。

⑦ 周公：姬旦，周武王之弟，成王之叔。成王年幼为王，周公摄政，管叔等人“流言于国”，说周公要害成王。周公恐惧，到东边避祸。后来成王发现流言是假的，便迎接周公回来，平定了管叔等人的叛乱。

⑧ 王莽：字巨君，汉元帝皇后之侄，他在夺取政权的过程中，为了收揽人心，常表现出谦恭退让的姿态，后来终于篡汉自立，改国号为“新”。

⑨ 未篡：没有篡夺皇位的时候。

⑩ 向使：如果。

元和五年（810），白居易的好友元稹因得罪了权贵，被贬为江陵士曹参军。在江陵期间，元稹写了五首《放言》诗，表露自己的心情。过了五年，白居易被贬为江州司马。这时元稹已转官通州司马，闻讯后写下了充满深情的诗篇《闻乐天授江州司马》。白居易在贬官途中，感慨万千，也写了五首《放言》诗奉和。这首诗是其中第三篇。

这是一首具有深刻意义的哲理诗。诗中借用比喻和历史故事，说明了辨别人、事好坏的方法。特别是三、四两句，作者举出了两个例子，证明辨别事物真伪，评述历史人物功过，往往需要经过一段较长时间的实践考验，才能得出可靠的结论来。后四句诗，过去常为一些小说引用。例如《三国演义》第五十六回，写曹操大宴铜雀台，对诸文士谈到自己的生平志愿之后，作者就引用了这四句诗。

6. 离思五首（其四）[1]

⊙〔唐〕元稹

曾经[2]沧海难为[3]水，除却[4]巫山不是云。
取次[5]花丛懒回顾[6]，半缘[7]修道半缘君。

①《离思五首》是一组悼亡诗，这是第四首。

② 曾经：曾经经历。

③ 难为：难以成为。

④ 除却：除去。

⑤ 取次：任意，随便。

⑥ 回顾：回头看。

⑦ 缘：因为。

赏析

此为诗人悼念亡妻韦丛之作。诗人运用比兴手法，以精警的词句，描绘了夫妻之间的恩爱，表达了对韦丛的忠贞与怀念之情。首二句是暗喻：沧海无比深广，因而使别处的水相形见绌；巫山有朝云峰，下临长江，云蒸霞蔚。“沧海”“巫山”，是世间至大至美的形象，诗人引以为喻，从字面上看是说经历过“沧海”“巫山”，对别处的水和云就难以看上眼了，实则是用来隐喻他们夫妻之间的感情有如沧海之水和巫山之云，其深广和美好是世间无与伦比的。第三句说自己信步经过“花丛”，懒于顾视，因为除爱妻之外，再没有能使自己动情的女子了。第四句即承上说明“懒回顾”的原因。既然对亡妻如此情深，这里为什么却说“半缘修道半缘君”呢？元稹生平“身委《逍遥篇》，心付《头陀经》”（白居易《和答诗十首》赞元稹语），是尊佛奉道的。另外，这里的“修道”，也可以理解为专心于品德学问的修养。然而，尊佛奉道也好，修身治学也好，对元稹来说，都不过是心失所爱、悲伤无法排解的一种感情上的寄托。元稹这首绝句不但取譬极高，抒情强烈，而且用笔极妙。就全诗情调而言，它言情而不庸俗，瑰丽而不浮艳，悲壮而不低沉，创造了唐人悼亡绝句中的绝胜境界。

扫码收听朗诵音频

7. 临江仙[①]

⊙〔宋〕晏几道

梦后楼台高锁，酒醒帘幕低垂。去年春恨却来时。落花人独立，微雨燕双飞。

记得小蘋[②]初见，两重心字罗衣[③]。琵琶弦上说相思。当时明月在，曾照彩云[④]归。

赏析

本词是别后怀思歌女小蘋之作。上片写“春恨”。午夜梦回，楼台深闭，珠帘久合，庭院深深，静寂无人。原来佳人已去，空荡荡的院落让人勾起别离情愫，劳燕尚能双飞，而别后的人形单影只，不胜孤独。晏几道的《小山词》中常见“梦”“酒”二字，并非造作，而是多有深意。

词的下片是深情的回顾。从相见到相识到“心有灵犀一点通”的相印。有月的夜晚，幽幽琴韵，流荡心声。而彩云（小蘋）归去，明月尚在，见月思人，怅然若失。

---

① 临江仙：唐教坊曲名，后用为词牌。

② 小蘋：歌女之名。

③ 心字罗衣：女子衣领曲如篆书的“心”字。一说是罗衣上绣有“心”字。

④ 彩云：指小蘋。

扫码收听朗诵音频

8. 永遇乐[1]

⊙〔宋〕苏轼

彭城[2]夜宿燕子楼[3]，梦盼盼，因作此词。

明月如霜，好风如水，清景无限。曲港跳鱼[4]，圆荷泻露[5]，寂寞无人见。紞[6]如三鼓，铿然一叶[7]，黯黯梦云惊断。夜茫茫，重寻无处，觉来小园行遍。

天涯倦客，山中归路，望断故园心眼。燕子楼空，佳人何在，空锁楼中燕。古今如梦，何曾梦觉，但有旧欢新怨。异时对，黄楼[8]夜景，为余浩叹[9]。

---

① 永遇乐：词牌名。

② 彭城：今江苏省徐州市。

③ 燕子楼：唐代尚书张愔侍妾关盼盼居处，在彭城。张死后，盼盼感念旧情，独居此楼十余年。

④ 曲港跳鱼：弯曲的小河中游鱼翻跳。

⑤ 圆荷泻露：圆圆的荷叶上露珠流动。

⑥ 紞（dǎn）：击鼓声。

⑦ 铿（kēng）然一叶：砰然落地的一枚树叶，有夸张之意。铿然，象声词，形容金石玉木等发出的洪亮声音。

⑧ 黄楼：苏轼在徐州时所改建。

⑨ 浩叹：长叹。

此词可视为怀古思今之作。苏轼写这首词时是在徐州任上。此前，他离京多年，相继接任杭州通判、密州知州，改任到徐州，屡迁不定，孤寂落寞在所难免。在徐州时，他与守城军民一起拒黄河大水于城外四十余天，深受徐州民众拥戴，水退后筑黄楼，有镇水之意，也有庆贺之意。

词的上片极写燕子楼小园之美和醒后寻梦不得的遗憾。其中“曲港跳鱼，圆荷泻露，寂寞无人见”几句有声有色：曲港跳鱼，泼剌有声；圆荷泻露，晶莹可爱。港之曲，荷之圆，足见画面的线条美与图案美。

下片着力抒发因梦而起的感慨。作者登高远望，思索古今。“天涯倦客”一句是巧妙过渡，由叹他人过去事到深思自己身世沉浮、仕途多舛。“古今如梦”与其《念奴娇·赤壁怀古》中“人生如梦”略同，有“是非成败转头空”“古今多少事，都付笑谈中”之意。而“旧欢新怨”四字别有深意，“新怨”指自己的坎坷遭遇，上应“天涯倦客”四字。近千年后的今天，我们面对这首词评价苏轼及其文采，谁能不“浩叹”一番呢？

厚德载物

上善若水，厚德载物。穿越时间的河流，孟子像高山一样巍然屹立。他以道德写文章，其浩然正气，震荡寰宇间；他用雄辩谏君王，其仁爱思想，烛照数千年。司马光的“居安思危”，欧阳修的“忧劳兴国”，宗泽的“应天顺人”，与孟子思想一脉相承。见贤思齐焉，青春年少的我们更应传承这种大爱，向善、向美、向真，一起去成就非凡的人生。

阅读本单元的文章，要在借助注释和工具书疏通文意的基础上，把握作者的观点和论述思路，在反复诵读中体会运用比喻、类比手法和对举、排比句式说理的表达效果，感受文章非凡的气势；还要注意积累常见文言词语和名言警句，丰富自己的语言储备。

1. 民为贵[①]

⊙《孟子》

孟子曰："民为贵，社稷[②]次之，君为轻。是故得乎丘民而为天子，得乎天子为诸侯，得乎诸侯为大夫。诸侯危社稷，则变置。牺牲[③]既成，粢盛[④]既絜[⑤]，祭祀以时，然而旱干水溢，则变置社稷。"

译文

孟子说："百姓最重要，土神、谷神次之，君主较轻。因此，得到百姓拥护的能做天子，得到天子赏识的能做诸侯，得到诸侯赏识的能做大夫。如果诸侯危害国家，那就另外改立。祭祀的牲畜已经长成，祭物已经洁净，能按时祭祀，但仍发生旱灾涝灾，就另立土神、谷神。"

---

① 选自《孟子·尽心下》，题目为编者加。

② 社稷：土神和谷神。

③ 牺牲：供祭祀用的牲畜。

④ 粢（zī）盛：盛在祭器中的黍稷等。

⑤ 絜：通"洁"。

诵读是学习文言文的重要方法，正所谓“书读百遍，其义自见”。朗读时，要重视重音、节奏、语气等，读出文言文的韵律美。尤其是《孟子》中的许多文章，大量使用排比句，建议同学们大声朗读，感受其气势磅礴、节奏明快的语言特点。

何谓百家争鸣

“百家争鸣”出现在战国时期。所谓“家”，是指一种学说或是一个学术派别。所谓“百家争鸣”，就是诸学派各抒己见，相互辩驳。至汉代初期，以著作形式表述自己学术观点的学派有189家。汉代史学家将它们分门别类，归为10家，即儒家、道家、名家、法家、墨家、阴阳家、纵横家、杂家、农家和小说家。10家中，杂家、农家、小说家所讨论的问题很少涉及哲学。在这10家之外，还有研究《周易》的易家和研究军事及兵法的兵家。儒家学说和道家学说，构成了中华传统文化的主体，奠定了中国思想文化发展的基础。

2. 浩然之气[①]

⊙《孟子》

“敢问夫子恶乎长？”

曰：“我知言[②]，我善养吾浩然[③]之气。”

“敢问何谓浩然之气？”

曰：“难言也。其为气也，至大至刚，以直养而无害，则塞于天地之间。其为气也，配义与道。无是，馁[④]也。是集义所生者，非义袭而取之也。行有不慊[⑤]于心，则馁矣。我故曰：告子未尝知义，以其外之也。必有事焉而勿正[⑥]，心勿忘，勿助长也。无

---

①选自《孟子·公孙丑上》，题目为编者加。

②知言：善于分析别人的言论，辨明其是非之理。

③浩然：刚正的样子。

④馁：喻指不足，空乏。

⑤慊（qiè）：满足，快意。

⑥正：止，停止。

若宋人然：宋人有闵[①]其苗之不长而揠[②]之者，芒芒然归，谓其人曰：'今日病[③]矣，予助苗长矣！'其子趋而往视之，苗则槁[④]矣。天下之不助苗长者寡[⑤]矣。以为无益而舍之者，不耘苗者也；助之长者，揠苗者也，非徒无益，而又害之。"

译文

公孙丑问："请问先生您有什么特长呢？"

孟子说："我善于分析别人的言论，也善于培养我的浩然之气。"

公孙丑问："请问什么叫作浩然之气？"

孟子说："这很难说清楚。这种气，最广大、最刚强，用正义去培养它，而不损害它，那就会充满于天地之间。这种气，是要合乎义与道的；没有这个，就会虚弱无力。它是由日积月累的正义所产生的，不是凭偶然做正义之事所能获取的。行为中只要有一点不满足于内心对义与道的追求，这气就会衰弱。所以我说，告子从来就不知道什么是义，因为他把义看作是外在的东西。浩然之气的养成，一定要有所作为而不中止，心里面不要忘记它，也不要勉强帮助它生长就可以了。千万不要像宋国人那样：宋国有个人担心他的禾苗长不快而把禾苗拔高，疲惫不堪地回家了，告诉家里人说：'我今天太疲惫了，我帮助禾苗长高了！'他的儿子赶快跑去一看，禾苗都枯萎了。天下不拔苗助长的人太少了。那些认为养气无益而放弃不做的人，就是种地不锄草的人；帮助禾苗快速成长的人，就是拔苗助长的人，不但没有什么好处，反而会伤害它。"

---

① 闵：忧虑。

② 揠（yà）：拔。

③ 病：疲倦。

④ 槁（gǎo）：干枯。

⑤ 寡：少。

孟子善于在说理中穿插寓言故事，使文章生动活泼，且意味深长，大大增强了说服力。请查阅相关资料，搜集更多运用比喻、类比手法说理的文章，体会其妙处。

何谓“四书”“五经”

“四书”是《论语》《孟子》《大学》《中庸》四部书的合称。南宋理学家朱熹将这四部书辑录在一起，分别加以注释，题称《四书章句集注》，“四书”以此得名。

“五经”是儒家的五部经典著作，即《诗》《书》《礼》《易》《春秋》的合称。《诗》即《诗经》，是我国第一部诗歌总集。《书》即《尚书》，是我国上古历史文件和部分追述古代事迹著作的汇编，相传为孔子编撰。《礼》即《礼记》，为秦汉以前各种礼仪论著的选集。《易》是《易经》，古代为占卜所用。《春秋》是编年体的鲁史，文字简洁，相传寓有褒贬之意，后世称这种写法为“春秋笔法”。

1. 国家存亡在于仁[①]

⊙《孟子》

孟子曰："三代[②]之得天下也以仁，其失天下也以不仁。国之所以废兴存亡者亦然。天子不仁，不保四海；诸侯不仁，不保社稷；卿大夫不仁，不保宗庙；士庶人不仁，不保四体[③]。今恶死亡而乐不仁，是犹恶醉而强[④]酒。"

译 文

孟子说："夏、商、周三代能够得到天下是因为实行仁政，最后失去天下是因为不实行仁政。国家的衰败、兴盛、生存和灭亡的原因也是如此。天子不仁，就不能保住天下；诸侯不仁，就不能保住国家；公卿大夫等官员不仁，就不能保住祖庙；读书人和普通百姓不仁，就不能保住自己的身体。现在有些人憎恶死亡而喜欢不仁，这就好比厌恶喝醉酒却偏勉强要去喝酒一样。"

---

① 选自《孟子·离娄上》，题目为编者加。

② 三代：这里指夏、商、周三个朝代。

③ 四体：四肢，引申为身体。

④ 强：勉强。

2. 百姓为天[1]

⊙〔汉〕韩婴

齐桓公问于管仲曰："王者何贵？"曰："贵天。"桓公仰而视天。管仲曰："所谓天，非苍莽之天也。王者以百姓为天。百姓与之则安，辅之则强，非之则危，倍[2]之则亡。诗曰：'民之无良，相怨一方[3]。'民皆居一方，而怨其上，不亡者未之有也。"

译 文

齐桓公问管仲："当君王的人，应把什么当作最宝贵的？"管仲回答说："应把天当作最宝贵的。"齐桓公仰起头望着天。管仲说："我所说的天，不是广阔无边的天。给人民当君主的人，要把百姓当作天。百姓亲附，国家就可安宁；百姓辅助，国家就能强盛；百姓反对，国家就很危险；百姓背弃，国家就要灭亡。《诗经》中说：'统治者如果不贤良，一个地方的人民都会怨恨他。'一个地方的百姓怨恨他们的君主，这样的政权还不灭亡的，这是从来就没有过的。"

---

① 选自《韩诗外传》卷四，题目为编者加。

② 倍：通"背"，背弃，背叛。

③ 民之无良，相怨一方：民众心地如果不善，就会相互形成积怨。怨，怨恨，仇恨。

3. 忧劳可以兴国[①]

⊙〔宋〕欧阳修

《书》曰："满招损，谦受益[②]。"忧劳可以兴国，逸豫可以亡身，自然之理也。故方[③]其盛也，举天下之豪杰莫能与之争；及[④]其衰也，数十伶人困之，而身死国灭，为天下笑。夫祸患常积于忽微，而智勇多困于所溺[⑤]，岂独伶人也哉！

译 文

《尚书》上说："自满会招来损害，谦虚能得到益处。"忧劳可以使国家兴盛，安乐可以使自身灭亡，这是自然的道理。因此当这个国君兴盛时，普天之下的英雄好汉没有谁能与他争锋；当他衰败时，几十个乐官就能把他困住，使他身死国灭，被天下人耻笑。祸患常常是由一点一滴极小的错误积累而酿成的，聪明勇敢的人往往被自己所溺爱的东西蒙蔽，难道仅仅是溺爱乐官才会有这种坏结果吗？

---

① 选自宋代欧阳修《五代史伶官传序》，题目为编者加。

② 满招损，谦受益：语出《尚书·大禹谟》。

③ 方：当，在。

④ 及：等到。

⑤ 所溺：所溺爱的人或事物。

4. 居安思危[①]

⊙〔宋〕司马光

谓侍臣曰："治国如治病，病虽愈[②]，尤宜将护[③]。傥[④]遽[⑤]自放纵，病复作，则不可救矣。今中国幸安，四夷[⑥]俱服，诚自古所希[⑦]，然朕日慎一日，唯惧不终，故欲数闻卿辈谏争[⑧]也。"魏徵曰："内外治安，臣不以为喜，唯喜陛下居安思危耳。"

---

① 选自《资治通鉴》，题目为编者加。

② 愈：痊愈。

③ 将护：护理。

④ 傥（tǎng）：通"倘"，倘若。

⑤ 遽（jù）：迅速，马上。

⑥ 四夷：指唐朝周边的少数民族部落。

⑦ 希：通"稀"，罕见。

⑧ 谏争（zhèng）：直言规劝。谏，劝阻。争，通"诤"，规劝。

译文

（唐太宗）对侍从大臣说：“治理国家就像是治病，即使病痊愈了，也需要加以护理和调养。如果马上就开始放纵自己，一旦旧病复发，就再也没有办法补救了。现在我们国家很幸运地得到了和平和安宁，周边的少数民族部落全都臣服了，这真是自古以来所少有的，但是我一天比一天更小心，只因为害怕这种情况不能持久，所以我很希望多次听到你们的进谏和争辩。”魏徵回答道：“臣不为国内外治理得好而高兴，只为陛下居安思危感到喜悦。”

儒家学派

儒学的主要代表人物有：孔子、孟子、荀子、董仲舒、扬雄、王充、王弼、孔冲远、韩愈、柳宗元、王安石、邵雍、周敦颐、张载、程颢、程颐、朱熹、陆九渊、王守仁、黄宗羲、王夫之、顾炎武、戴震、康有为等。

关于儒家派别的划分有多种。除了继孔子之后的儒家八派之外，宋代以后又出现了几派，主要有：濂学（以周敦颐为代表）、关学（以张载为代表）、洛学（以二程为代表）、闽学（以朱熹为代表）、泰州学派（以王艮为代表）、东林学派（以顾宪成为代表）、乾嘉学派（乾隆到嘉庆年间儒学的统称）。

5. 应天顺人[1]

⊙〔宋〕宗泽

臣闻三代之得天下也，得其民也。得其民有道[2]，得其心也。得其心有道，所欲与之聚之，所恶勿施尔也。是则得民之道，在察其心之所欲，与其心之所恶而已。此古所以有“天时不如地利，地利不如人和”之语。求民之和，岂必家至户到，一一而求之哉？应天顺人，承天下之大顺，则民不期和而自和矣。

译文

臣下听说夏、商、周三代之所以能够得到天下政权，是因为得到了人民的支持。得到人民支持是有方法的，就是要获得民心。得到民心是有方法的，就是人民想要的就给予他们，使他们更加富有，而他们讨厌的就不要强加在他们身上。这里讲获得人民支持的方法，不过在于明察他们心中所希望的与所厌恶的东西罢了。这就是为什么古人有“天时不如地利，地利不如人和”的话。追求人民的团结，哪里有必要跑到百姓家里，一一请求呢？只要顺应天理民心，继承天下大顺的形势，那么人民就不用期待和而自和了。

---

① 选自宋代宗泽《宗忠简集·乞回銮疏》，题目为编者加。

② 道：方法。

6. 国君进贤，可不慎与？[①]

⊙《孟子》

国君进贤，如不得已，将使卑逾尊，疏逾戚[②]，可不慎[③]与？左右皆曰贤，未可也；诸大夫皆曰贤，未可也；国人皆曰贤，然后察之。见贤焉，然后用之。左右皆曰不可，勿听；诸大夫皆曰不可，勿听；国人皆曰不可，然后察之。见不可焉，然后去[④]之。左右皆曰可杀，勿听；诸大夫皆曰可杀，勿听；国人皆曰可杀，然后察之。见可杀焉，然后杀之。故曰国人杀之也。如此，然后可以为民父母。

---

① 选自《孟子·梁惠王下》，题目为编者加。

② 戚：亲近。

③ 慎：谨慎。

④ 去：罢免，撤职。

译文

国君选择贤才，在不得已的时候，甚至会把原本地位低的提拔到地位高的人之上，把原本关系疏远的提拔到关系亲近的人之上，这能够不谨慎吗？因此，左右亲信都说某人好，不可轻信；诸位大夫都说某人好，不可轻信；全国的人都说某人好，然后去考察他。发现他是真正的贤才，再任用他。左右亲信都说某人不好，不可轻信；诸位大夫都说某人不好，不可轻信；全国的人都说某人不好，然后去考察他。发现他真的不好，再罢免他。左右亲信都说某人该杀，不可轻信；诸位大夫都说某人该杀，不可轻信；全国的人都说某人该杀，然后去考察他。发现他真该杀，再杀掉他。所以说这是全国人杀的他。这样做，才可以做老百姓的父母官。

儒家有哪八派（一）

战国中后期，儒学在成为“显学”的同时，其内部也形成了八个不同的派别。这八派分别是：子张派、子思派、颜回派、孟子派、漆雕氏派、仲良派、孙派、乐正派。

子张派

子张是孔子晚年的弟子，从学后学业出众，以积极参与政治为特色。他勤学好问，经常与孔子讨论各种问题。孔子死后，子张独立招收弟子，宣扬儒家学说，是“子张之儒”的创始人。到了战国时期，子张的学说已经成为一个很大的学派。

7. 自暴自弃[①]

⊙《孟子》

孟子曰："自暴者，不可与有言[②]也；自弃者，不可与有为也。言非[③]礼义，谓之自暴也。吾身不能居仁由义，谓之自弃也。仁，人之安宅也；义，人之正路也。旷安宅而弗居，舍正路而不由，哀哉！"

译文

孟子说："自己残害自己的人，不能和他有所谈论；自己抛弃自己的人，不可以和他有所作为。出言破坏礼义，就称之为自己残害自己；自以为不能以仁居心，不能由义而行，这就称之为自己抛弃自己。仁是人最安适的家园，义是人最正确的道路。空闲着最安适的家园不去居住，舍弃最正确的道路不走，真是可悲呀！"

① 选自《孟子·离娄上》，题目为编者加。暴，这里为糟蹋、损害之意。

② 有言：有所谈论。

③ 非：诋毁，破坏。

8. 君子有终身之忧[1]

⊙《孟子》

孟子曰："君子所以异于人者，以其存心也。君子以仁存心，以礼存心。仁者爱人，有礼者敬人。爱人者，人恒爱之；敬人者，人恒敬之。有人于此，其待我以横逆[2]，则君子必自反也：我必不仁也，必无礼也，此物奚宜至哉？其自反而仁矣，自反而有礼矣，其横逆由是也，君子必自反也，我必不忠。自反而忠矣，其横逆由是也。君子曰：'此亦妄人也已矣。如此，则与禽兽奚择[3]哉？于禽兽又何难焉？'是故君子有终身之忧，无一朝之患[4]也。乃若所忧则有之：舜，人也；我，亦人也。舜为法于天下，可传于后世，我由未免为乡人也，是则可忧也。忧之如何？如舜而已矣。若夫君子所患则亡矣。非仁无为也，非礼无行也。如有一朝之患，则君子不患矣。"

① 选自《孟子·离娄下》，题目为编者加。

② 横（hèng）逆：强暴不讲理。

③ 奚择：有什么区别。

④ 患：祸患，灾难。

译 文

孟子说：“君子和一般人不同的地方，在于他的存心。君子把仁存于心中，把礼存于心中。心中存仁的人能爱别人，心中有礼的人能尊敬别人。能爱别人的人，别人也常常爱他；能尊敬别人的人，别人也常常尊敬他。倘若这里有个人，他对我粗暴无理，那么作为一个君子就一定要自我反省：我必然有不仁的地方，必然有无礼的地方，不然的话，这种情况怎么会落在我头上？他自我反省认为自己是仁的，自我反省认为自己是有礼的，那人仍然是粗暴无理，君子一定又会自我反省：我必然有不忠的地方。自我反省认为自己是忠心耿耿的，那人继续粗暴无理，君子就会说：‘这无非是个狂妄之徒而已。这样的人，跟禽兽有什么区别呢？对禽兽又有什么可责怪的呢？’因此，君子有长期的忧虑，但却没有突发的灾祸和痛苦。这样的忧虑是有的：舜是个人，我也是个人。舜为天下作了榜样，名声传于后代，而我还不免是个平庸的人，这才是值得君子忧虑的事情。忧虑又怎么办呢？尽力向舜学习就是了。至于君子的痛苦，那是没有的。不是仁爱的事不做，不是符合礼节的事也不做。如果还有突发的灾祸，那么君子也不为它感到痛苦。”

9. 浅论“中国的脊梁”

⊙宋嵩嵩

何谓脊梁？何谓中国之脊梁？

脊梁，是起支撑作用的力量。古有屈原创《楚辞》，可谓诗歌创作之脊梁；今有邓稼先——两弹元勋，为中国核武器事业做出了突出贡献，是科学事业之脊梁。古往今来，中华英雄人物凸显着其脊梁本色。

中国向来不缺乏脊梁式的人物。鲁迅先生说过：“我们从古以来，就有埋头苦干的人，有拼命硬干的人，有为民请命的人，有舍身求法的人……这就是中国的脊梁。”我们身边就有“中国的脊梁”。2008 年，北京奥运会成功举办，为全世界带来一场无与伦比的奥运盛会。至今，我记忆最深刻的还是那激动人心的开幕式。这其中，小到每个道具的摆放，大到开幕式导演策划的每一个流程，都需要众多埋头苦干的工作人员做精心准备，都倾注着无数人的心血。他们中的绝大多数人，或许从未被人关注过，但是他们是中国成功举办奥运会的重要因素。所以，中国之脊梁，不在于你是否学富五车，不在于你是否已是家喻户晓的焦点人物，更不在于你是否会在未来历史的书写中占据一席之地，而在于你是否用你自身的力量去彰显中国人的勤劳、善良、勇毅。如果我们每个人对国家来说都是一颗有用的螺丝钉，这样，我们每个人都是撑起祖国辉煌大厦的脊梁。

其实我们身边有很多这样平凡而又卓越的人物。单人无动力帆船环球航海中国第一人翟墨，只因一句外国友人的玩笑话，就毅然决然地放下手中的画笔，航行至世界各地，甚至抵达了拿破仑所葬之地。他这样做，只为证明“中国这只沉睡的狮子现已苏醒”。他的举动或许带些偶然性，但体现了平凡人物皆能成为国家之脊梁的现实意义。他使中国的五星红旗飘扬于世界远程航线之上，令世界钦佩中华儿女所拥有的豪情壮志！因此，只要你有一颗拼搏向上、为中国争得一份荣耀的决心，每个人都可以在平凡中历练成不平凡的中国之脊梁！

一滴滴水汇成容纳百川的大海，一棵棵树聚成广阔无际的森林。无论你的才智基础是怎样的，无论你认为自己多么普通平凡，只要你能够将自身的智慧和力量献给祖国，用你的真诚和勤劳，为祖国做实实在在的事情，你，就是中国的脊梁！

单元学习任务

任务一

孟子曰："富贵不能淫，贫贱不能移，威武不能屈，此之谓大丈夫。"岳飞精忠报国，文天祥宁死不叛，林则徐虎门销烟……他们都是具有伟大人格的人。我们应该立足于自身，努力做德行兼修的人。你对"人格"有着怎样的理解呢？请从读过的文章中选择一些关于"人格"的名言警句，背诵积累，也可以做成精美的书签，送给同学共勉（别忘记署名哦）。

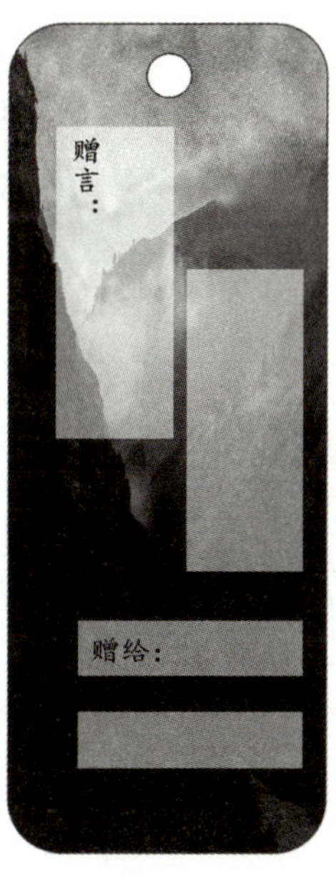

任务二

如果孟子也有现代的社交软件，他的“个性签名”会有哪些关键词呢？请结合本单元的文章以及你的积累，和同学们合作完成下面的任务，并说说你的理由。

智者无惑

尺素罗千里，片言敌万语。一则短短的寓言，就像一滴水，它蕴藏着大海的辽阔，也可以折射出太阳的光辉。我们在文字中涵泳，可以洞察世事冷暖，可以领悟生活真谛。参透故事里的弦外之音，你就触摸到了智慧，而拥有智慧的人总能拨开迷雾，看清生活的真相。即刻出发，让我们在经典中穿行，去感受典雅文言的韵味，去探寻朴素真理的魅力！

阅读本单元的文章，要通过反复诵读加深对文章的理解，培养文言语感；通过解读故事、分析人物，深入领会文章辞约旨丰、事近喻远的特点。

1. 大禹治水[①]

⊙〔汉〕司马迁

禹乃遂与益、后稷奉帝命，命诸侯百姓[②]兴人徒[③]以傅[④]土，行山表木[⑤]，定高山大川。禹伤先人父鲧功之不成受诛，乃劳身焦思，居外十三年，过家门不敢入。薄[⑥]衣食，致[⑦]孝于鬼神。卑[⑧]宫室，致费于沟淢[⑨]。陆行乘车，水行乘船，泥行乘橇[⑩]，

① 选自《史记·夏本纪》，题目为编者加。

② 百姓：即百官。战国以前百姓是对贵族的通称，因为当时只有贵族才有姓，而平民没有姓。

③ 人徒：指被罚服劳役的人。

④ 傅：《尚书》作“敷”，“分”的意思，指分治九州土地。一说“傅”即“付”，指付出功役。

⑤ 表木：立木作标志。表，作标志。

⑥ 薄：少，使……少，即节俭的意思。

⑦ 致：送达，表达。

⑧ 卑：使……低矮，这里有简陋之意。

⑨ 沟淢（xù）：田间沟渠。古代渠道深广四尺叫沟，深广八尺叫淢，这里泛指河道。

⑩ 橇：古代在泥路上使用的交通工具。

山行乘檋[1]。左准绳，右规矩，载四时，以开九州，通九道，陂九泽，度九山。令益予众庶稻，可种卑湿。命后稷予众庶难得之食。食少，调有馀相给，以均诸侯。禹乃行相地宜所有以贡，及山川之便利。

译 文

禹与益、后稷接受了舜帝的命令，令诸侯百官发动那些被罚服劳役的罪人分治九州土地。他一路上穿山越岭，树立木桩作为标志，测定高山大川的状貌。禹为父亲鲧因治水无功而受罚感到难过，就不顾劳累，苦苦思索，在外面生活了十三年，几次从家门前路过都没敢进去。他节衣缩食，尽力孝敬鬼神。他居室简陋，把资财用于修筑河道。他在陆地上行进乘车，在水中行进乘船，在泥沼中行进就乘木橇，在山路上行走就穿上钉鞋。他左手拿着准和绳，右手拿着规和矩，还带着测四时定方向的仪器，开发九州土地，疏导九条河道，修治九个大湖，测量九座大山。他让益给民众分发可以种植在低洼潮湿的土地上的稻种，又让后稷赈济吃粮艰难的民众。粮食匮乏时，就让一些地区把余粮调剂给缺粮地区，以便使各诸侯国都能有粮食吃。禹一边行进，一边考察各地的物产情况，规定了应该向天子缴纳的贡赋，并考察了各地的山川地形的便利程度。

① 檋（jú）：登山穿的带锥头的木屐。

有同学在读《愚公移山》时提出以下问题：

1. 愚公立志率全家移山，作者为什么安排天帝命大力神背走了大山？

2. 故事中人物的名字像“愚公”“智叟”“夸娥氏”，有什么用意吗？

这些问题很有研究价值，你在读《大禹治水》时，又有哪些疑惑呢？提出来与同学交流。

2. 郑人买履[1]

⊙《韩非子》

郑人有欲买履者，先自度[2]其足，而置[3]之其坐[4]。至[5]之市，而忘操之。已得履，乃曰："吾忘持度[6]！"反[7]归取之。及反，市罢[8]，遂[9]不得履。

人曰："何不试之以足？"

曰："宁[10]信度，无自信也。"

---

① 选自《韩非子·外储说左上》，题目为编者加。

② 度（duó）：衡量，用尺子度量。

③ 置：放，搁在。

④ 坐：通"座"，座位。

⑤ 至：等到。

⑥ 度（dù）：量好的尺码。

⑦ 反：通"返"，返回。

⑧ 市罢：集市已散。

⑨ 遂（suì）：最终。

⑩ 宁（nìng）：宁可，宁愿。

译 文

从前有一个郑国人，想去买一双新鞋子，于是事先量了自己的脚的尺码，然后把量好的尺码放在自己的座位上。可他去集市时，却忘了带上尺码。他挑好了鞋子，才说："我忘了带尺码！"就返回家中拿尺码。等到他再返回集市的时候，集市已经散了，他最终没有买到鞋子。

有人问："你为什么不直接用自己的脚去试鞋子？"

他回答说："我宁可相信量好的尺码，也不相信自己的脚。"

学习提示

请发挥联想与想象，将《郑人买履》改写成白话故事，注意充实内容，增加对人物语言、动作、神态、心理等方面的描写。

1. 金钩桂饵①

⊙《阙子》

鲁人有好钓者，以桂[2]为饵，锻[3]黄金之钩，错[4]以银碧[5]，垂翡翠[6]之纶[7]。其持竿处位则是[8]，然其得鱼不几[9]矣。故曰："钓之务不在芳饰[10]，事之急不在辩言[11]。"

---

① 选自《阙子》，题目为编者加。

② 桂：一种名贵的香木。

③ 锻：锤击，打造。

④ 错：镶嵌。

⑤ 碧：翠绿色的玉石。

⑥ 翡翠：鸟名，羽毛非常美丽，可做装饰品。

⑦ 纶（lún）：钓鱼用的丝线。

⑧ 是：正确。

⑨ 不几：不多。

⑩ 芳饰：美丽的饰品。

⑪ 辩言：机巧的语言。

译文

鲁国有个爱好钓鱼的人，用喷香的桂木作为鱼饵，用黄金做成鱼钩，上面还镶嵌着雪亮的银丝和碧绿的宝石，他用翡翠鸟的羽毛捻成钓鱼用的细线。他钓鱼时选择的位置和摆出的姿势都很正确，但是钓到的鱼却寥寥无几。所以说：“钓鱼能钓得多并不在于华丽的钓具，办事的关键不在于巧言善辩。”

儒家有哪八派（二）

子思派

子思是孔子之孙，其导师是孔子最年轻的弟子之一曾参，据说《大学》和《孝经》两部著作都是由曾参从孔子那里传下来的。而子思又根据传授创作了《中庸》。《大学》和《中庸》在儒经中处于非常重要的地位，因此这一派从宋代以后影响很大。代表人物曾参、子思都作为圣人陪同孔子享受祭祀，称“配享”。

2. 詹何钓鱼[①]

⊙《列子》

詹何以独茧丝为纶[②]，芒针[③]为钩，荆筱[④]为竿，剖粒为饵，引[⑤]盈车之鱼于百仞之渊、汩流之中，纶不绝，钩不伸，竿不挠。

楚王闻而异之，召问其故。

詹何曰："曾闻先大夫之言，蒲且子[⑥]之弋也，弱弓[⑦]纤缴[⑧]，乘风振之，连[⑨]双鸧[⑩]于青云之际，用心专，动手均也。

---

① 选自《列子·汤问》，题目为编者加。

② 纶：钓鱼用的丝线。

③ 芒针：尖针。

④ 荆筱（xiǎo）：楚地产的细竹。

⑤ 引：牵引，这里指钓上。

⑥ 蒲且子：楚国善于射箭的人。

⑦ 弱弓：拉力很小的弓。

⑧ 纤缴（zhuó）：纤细的丝绳。缴，射鸟时系在箭上的丝绳。

⑨ 连：连获，兼得。

⑩ 鸧（cāng）：鸧鹒，鸟名。

臣因其事，放[1]而学钓，五年始尽其道。当臣之临河持竿，心无杂虑，唯鱼之念，投纶沈钩，手无轻重，物莫能乱。鱼见臣之钩饵，犹沈埃聚沫[2]，吞之不疑。所以能以弱制强，以轻致重也。大王治国诚能若此，则天下可运于一握，将亦奚事哉？”

楚王曰：“善！”

译文

詹何用单股的蚕丝做钓鱼的丝绳，用尖针做鱼钩，用楚地产的细竹做钓竿，用剖开的米粒做钓饵，在有百仞深的深渊中、湍急的河流里，可以把装满一车的大鱼钓上来，且钓丝不断，钓钩没有被扯直，钓竿没有被拉弯。

楚国的国王听说了这件事，觉得很惊异，就把他叫来问他原因。

詹何说：“听我曾经当过大夫的父亲说过，蒲且子射鸟，曾经用拉力很小的弓、纤细的丝绳，顺着风一射，一箭连射两只在高空飞翔的鸧鹒，这是因为用心专一、用力均匀。我按照他的这种做法，模仿着学习钓鱼，五年才完全弄懂其中的道理。现在我在河边持竿钓鱼时，心中不思虑杂事，只想鱼，丢线沉钩，手上用力均匀，外物没有能扰乱我心神的。鱼看见我的钓饵，就像看到沉于水中的尘埃或聚集的泡沫一样，毫不怀疑地吞食。所以我能用弱小的东西制服强大的东西，用轻的东西获得重的东西啊。大王您治理国家如果可以这样，那么天下的事就可以一手应付了，还能有什么对付不了的吗？”

楚王说：“说得好！”

---

①放：通“仿”，效仿。

②聚沫：水中聚拢的泡沫。

3. 歧路亡羊[1]

⊙《列子》

杨子[2]之邻人亡羊，既率其党，又请杨子之竖[3]追之。杨子曰："嘻！亡一羊何追者之众？"邻人曰："多歧路[4]。"既反，问："获羊乎？"曰："亡[5]之矣。"曰："奚亡之？"曰："歧路之中又有歧焉，吾不知所之，所以反也。"杨子戚然变容，不言者移时，不笑者竟日。

门人怪之，请曰："羊，贱畜，又非夫子之有，而损言笑者，何哉？"杨子不答，门人不获[6]所命。

弟子孟孙阳出以告心都子。心都子他日与孟孙阳偕入，而问曰："昔有昆弟三人，游齐鲁之间，同师而学，进仁义之

---

① 选自《列子·说符》，题目为编者加。

② 杨子：杨朱，战国时期哲学家。

③ 竖：小童，小听差，这里指的是杨子的仆人。

④ 歧路：岔路，小道。

⑤ 亡：丢失。

⑥ 获：获得，得到。

道而归。其父曰：‘仁义之道若何？’伯曰：‘仁义使我爱身而后名。’仲曰：‘仁义使我杀身以成名。’叔曰：‘仁义使我身名并全。’彼三术相反，而同出于儒。孰是孰非邪？”

杨子曰：“人有滨河而居者，习于水，勇于泅，操舟鬻[①]渡，利供百口。裹粮[②]就学者成徒，而溺死者几半。本学泅，不学溺，而利害如此。若以为孰是孰非？”心都子嘿[③]然而出。

孟孙阳让之曰：“何吾子问之迂，夫子答之僻？吾惑愈甚。”

心都子曰：“大道以多歧亡羊，学者以多方丧生。学非本不同，非本不一，而末异若是。唯归同反一，为亡得丧。子长先生之门，习先生之道，而不达先生之况也，哀哉！”

译文

杨子的邻居丢失了一只羊，于是带着他的家人，又请杨子的仆人一起去追赶羊。杨子说：“哈哈！丢失了一只羊为什么要这么多人去寻找呢？”邻人说：“有许多分岔的道路。”不久，他们回来了。杨子问：“找到羊了吗？”邻人回答道：“羊丢了。”杨子说：“怎么会丢了呢？”邻居回答道：“分岔路上又有分岔路，我不知道羊逃到哪一条路上去了，所以就回来了。”杨子的脸色变得很忧郁，有很长时间不说话，一整天没有笑容。

他的学生觉得奇怪，请教杨子道：“羊，不过是不值钱的牲畜，而且还不是老师您的，却使您失去笑颜，这是为什么？”杨子没有回答，他的学生最终没有得到答案。

---

① 鬻（yù）：卖。

② 裹粮：背着干粮。

③ 嘿：通“默”，沉默。

杨子的学生孟孙阳从杨子那里出来，把这个情况告诉了心都子。有一天，心都子和孟孙阳一同去谒见杨子，心都子问杨子说："从前有兄弟三人，在齐国和鲁国一带求学，向同一位老师学习，把关于仁义的道理都学通了才回家。他们的父亲问他们说：'仁义的道理是怎样的呢？'老大说：'仁义之道教我爱惜自己的生命，而把名声放在生命之后。'老二说：'仁义之道教我为了名声不惜牺牲自己的生命。'老三说：'仁义之道教我懂得了生命和名声同等重要。'这三兄弟回答的仁义之道恰恰都不同，而同出自儒家，您认为他们三兄弟到底谁是正确的谁是错误的呢？"

杨子回答说："有一个人住在河边上，他熟习水性，敢于泅渡，以撑船摆渡为生，摆渡的赢利，可供养百人，自带粮食向他学泅渡的人成群结队，这些人中溺水而死的差不多有一半。他们本来是学泅水的，而不是来学溺死的，而获利与受害竟是这样截然相反的情况。你认为谁是正确的谁是错误的呢？"心都子听了杨子的话，默默地同孟孙阳一起走了出来。

孟孙阳责备心都子说："为什么你向老师提问得这样迂回，老师又回答得这样怪僻呢？我越听越糊涂了。"

心都子说："大道因为岔路太多而丢失了羊，求学的人因为方法太多而丧失了生命。学的东西不是在根源上不相同、在根本观点上不一致，然而结果却有这样大的差异。只有归到相同的根本上，回到一致的根本观点上，才会不迷失方向。你长期在老师的门下，是老师的大弟子，学习老师的学说，却不懂得老师说的譬喻的寓意，可悲呀！"

4. 杨布打狗[①]

⊙《列子》

杨朱之弟曰布，衣素衣[②]而出。天雨，解[③]素衣，衣缁[④]衣而反[⑤]。其狗不知，迎而吠[⑥]之。杨布怒，将[⑦]扑[⑧]之。杨朱曰："子无扑矣，子亦犹是也。向者[⑨]使汝狗白而往，黑而来，岂能无怪[⑩]哉？"

---

① 选自《列子·说符》，题目为编者加。

② 衣素衣：穿着白衣服。

③ 解：脱。

④ 缁（zī）：黑色。

⑤ 反：通"返"，返回。

⑥ 吠：（狗）大叫。

⑦ 将：打算。

⑧ 扑：扑向，向……袭来。

⑨ 向者：刚才。向，从前，往昔。

⑩ 怪：以……怪。

译文

杨朱的弟弟叫杨布，他穿着一件白色的衣服出门去了。下起了雨，杨布便脱下白衣，换了黑色的衣服回家。他家的狗没认出来是杨布，就迎上前冲他叫。杨布十分生气，正准备打狗。这时，杨朱说：“你不要打狗，如果换作是你，你也会像它这样做的。假如刚才你的狗离开前是白色的而回来变成了黑色的，你怎么能不感到奇怪呢？”

儒家有哪八派（三）

颜回派

颜回是孔子最得意的弟子，其学派的主要特点就是安贫乐道，重在下功夫实践孔子的仁德思想。

孟子派

孟子是继孔子之后的又一儒学大家，他是孔子的孙子子思的门人，被后人称为“亚圣”。

漆雕氏派

孔子弟子中姓漆雕的共有三人，他们是：漆雕开、漆雕哆、漆雕徒父，学术界一般认为“漆雕氏之儒”是以漆雕开为代表。这一派的特点是不畏惧权势，不欺侮弱小，行为正直，处事勇敢。宓子贱、公孙尼子、世硕等都是这一派的主要成员。

5. 九方皋相马[1]

⊙《列子》

秦穆公谓伯乐[2]曰："子之年长矣，子姓有可使求马者乎？"

伯乐对曰："良马可形容筋骨相也。天下之马者，若灭若没，若亡若失。若此者绝尘弭辙[3]。臣之子皆下才也，可告以良马，不可告以天下之马也。臣有所与共担纆[4]薪菜[5]者，有九方皋，此其于马非臣之下也。请见之。"

穆公见之，使行求马。

三月而反报曰："已得之矣，在沙丘。"

穆公曰："何马也？"

对曰："牝[6]而黄。"

---

① 选自《列子·说符》，题目为编者加。

② 伯乐：姓孙，名阳，古代著名相马专家。

③ 弭（mǐ）辙：没有足迹。弭，消除，停止。辙，通"辙"，此指蹄印。

④ 担纆（mò）：挑担子运送货物。纆，绳索，捆物用。

⑤ 薪菜：打柴。菜，通"采"，采摘，这里是拾取柴草的意思。

⑥ 牝（pìn）：雌性（禽兽）。

使人往取之，牡[①]而骊[②]。穆公不说，召伯乐而谓之曰："败矣，子所使求马者，色物牝牡尚弗能知，又何马之能知也？"

伯乐喟然[③]太息曰："一至于此乎！是乃其所以千万臣而无数者也。若皋之所观天机[④]也。得其精而忘其粗；在其内而忘其外；见其所见，不见其所不见；视其所视，而遗其所不视。若皋之相者，乃有贵乎马者也。"

马至，果天下之马也。

译文

秦穆公召见伯乐说："您的年纪大了，您的子孙中有谁能够继承您寻找千里马呢？"

伯乐回答道："良马是可以通过观察其外形、筋骨挑选出来的。而天下最好的马的标准，是神气飘逸迷离，若有若无。像这样的马奔跑起来，让人看不到飞扬的尘土，寻不着它奔跑的蹄印。我的子孙们都是才能低下的人，只能教他们识别良马的方法，却无法教会他们识别天下最好的马的方法。不过，在过去同我一起挑过菜、担过柴的人当中，有一个名叫九方皋的，他的相马技术不在我之下，请您召见他吧。"

于是秦穆公便召见了九方皋，叫他到各地去寻找天下最好的马。

九方皋到各处寻找了三个月后，回来报告说："我已经找到好马了，在沙丘。"

秦穆公问："那是什么样的马呢？"

---

① 牡：雄性。

② 骊（lí）：黑色。

③ 喟（kuì）然：叹息的样子。

④ 天机：天赋的灵性。指马的内在素质。

九方皋回答：“那是一匹黄色的母马。”

于是秦穆公派人去取，却是一匹黑色的公马。秦穆公很不高兴，就把伯乐叫来，对他说：“您推荐的人太糟糕了！他连马的毛色与公母都分辨不出来，又怎么能识别出千里马呢？”

伯乐长叹一声说道：“九方皋相马竟然达到了这样的境界！他真是高出我千万倍。九方皋看到的是马的天赋和内在素质。深得它的精妙而忘记了它的粗糙之处，明悉它的内部而忘记了它的外表。九方皋只看见他所需要看见的，看不见他所不需要看见的；只观察他所需要观察的，而丢开他所不需要观察的。像九方皋这样的相马方法，有着比相马本身更加重大的意义啊！”

把马牵来一看，果然是天下最好的马。

6. 薛谭学讴[1]

⊙《列子》

薛谭学讴于秦青，未穷[2]青之技，自谓尽之，遂辞归。秦青弗止[3]，饯于郊衢[4]，抚节[5]悲歌，声振林木，响遏[6]行云。薛谭乃谢求反，终身不敢言归。

秦青顾谓其友曰："昔韩娥东之齐，匮粮，过雍门，鬻歌假食。既去而余音绕梁欐[7]，三日不绝，左右以其人弗去。过逆旅，逆旅人辱之。韩娥因曼声哀哭，一里老幼悲愁，垂涕相对，三日不食。遽而追之。娥还，复为曼声长歌。一里老幼喜跃抃[8]舞，

---

① 选自《列子·汤问》，题目为编者加。学讴，学唱。

② 穷：尽，完。

③ 弗止：没有劝阻。弗，不，没有。

④ 饯于郊衢（qú）：在城外大道旁给他饯行。饯，用酒食送行。

⑤ 抚节：打着节拍。

⑥ 遏：阻止。

⑦ 欐（lì）：屋栋，即屋中之梁。

⑧ 抃（biàn）：拍手，鼓掌。

弗能自禁，忘向之悲也。乃厚赂发之。故雍门之人，至今善歌哭，放[1]娥之遗声也。”

译文

薛谭向秦青学习唱歌，还没有完全学会秦青的技艺，就自以为已经彻底掌握了，便要辞别回家。秦青没有劝阻他，在城外大道旁给他饯行，秦青打着节拍，高唱悲歌，歌声振动了林木，音响止住了行云。薛谭于是向秦青道歉，要求回来继续学习，此后再也没敢提回家的事。

秦青回头对他的朋友说：“从前韩娥到东边的齐国去，没有粮食了，经过雍门时，在那儿卖唱乞讨食物。她走了以后还有余音绕着那雍门的中梁，三日不停，旁边的人还以为她没有走呢。住客栈时，客栈的人侮辱她。韩娥因此放声哀哭，整个里弄的老小都因此而悲伤愁苦，相对流泪，三天都不吃饭。于是赶紧去把她追回来。韩娥回来后，又放声歌唱。整个里弄的老小欢喜跳跃拍手舞蹈，不能克制自己，全忘了刚才的悲伤。于是里弄的人给了她很多钱财送她走。所以雍门的人，至今还善于唱歌表演，那是效仿韩娥留下的歌唱技艺啊。”

---

① 放：通“仿”，效仿。

7. 关尹子教射[①]

⊙《列子》

列子学射中矣，请[②]于关尹子[③]。尹子曰："子[④]知子之所以中者乎？"对[⑤]曰："弗知也。"关尹子曰："未可。"退而习之，三年，又以报关尹子。尹子曰："子知子之所以中乎？"列子曰："知之矣。"关尹子曰："可矣，守[⑥]而勿失也。非独射也，为国与身[⑦]亦皆如之。故圣人不察存亡而察其所以然。"

① 选自《列子·说符》，题目为编者加。

② 请：请教。

③ 关尹子：即关尹喜，曾拜老聃为师。

④ 子：对人的尊称，相当于"您"。

⑤ 对：回答。

⑥ 守：牢记。

⑦ 为国与身：治理国家以及自我修养。

译 文

列子学射箭能射中靶心了，于是向关尹子请教。关尹子问："你知道你射中靶心的原因吗？"列子说："不知道。"关尹子说："那你的射箭技术还不行。"列子回去后继续练习，三年之后，又向关尹子请教。关尹子问："你知道你射中靶心的原因吗？"列子说："知道了。"关尹子说："可以了，你要牢记这个道理，不要轻易地丢弃。不仅学习射箭是这样，治理国家和修身做人也都要遵循这个道理。因此圣人不观察事物存亡的表面现象，而去考究事物之所以存亡的内在原因。"

儒家有哪八派（四）

仲良派

战国儒家八派中这一派不可考。对于仲良其人，不仅孔门弟子中没有此人，而且非孔门人物中也未见有任何记载。

孙派

这个派别的情况与仲良派类似，在孔门弟子中并没有孙氏，因此孙派学者指哪些人在学术上一直存有争论，学术界一般认为"孙氏之儒"就是以荀子为代表的一派，因为荀卿又称孙卿。

乐正派

有人认为乐正指曾参的弟子乐正子春；有人认为指孟子的弟子乐正克。具体情况不可考。

8. 造父学御[①]

⊙《列子》

造父之师曰泰豆氏[②]。造父之始从习御也，执礼[③]甚卑，泰豆三年不告。造父执礼愈谨，乃告之曰："古诗言：'良弓之子，必先为箕[④]；良冶之子，必先为裘。'汝先观吾趣[⑤]。趣如吾，然后六辔[⑥]可持，六马可御。"

造父曰："唯命所从。"

泰豆乃立木为涂[⑦]，仅可容足；计步而置，履之而行。趣走

① 选自《列子·汤问》，题目为编者加。

② 泰豆氏：人名，古代传说中善于御马的人。

③ 执礼：遵行有关敬师的礼节。

④ 箕：编簸箕。

⑤ 趣：通"趋"，快步行走。

⑥ 六辔（pèi）：缰绳。辔，驾驭牲口的缰绳。古代四马之乘，每匹马各有两辔，共八辔，但中间两匹马的内辔系在轼前，所以御者手中只有六辔，故六辔又作缰绳的代称。

⑦ 涂：通"途"，道路。

往还，无跌失也。

造父学之，三日尽其巧。

泰豆叹曰："子何其敏也？得之捷乎！凡所御者，亦如此也。曩汝之行，得之于足，应之于心。推于御也，齐辑[①]乎辔衔[②]之际，而急缓乎唇吻[③]之和，正度乎胸臆之中，而执节乎掌握之间。内得于中心，而外合于马志，是故能进退履绳而旋曲中规矩，取道致远而气力有余，诚得其术也。得之于衔，应之于辔；得之于辔，应之于手；得之于手，应之于心。则不以目视，不以策[④]驱；心闲体正，六辔不乱，而二十四蹄所投无差；回旋进退，莫不中节。然后舆轮之外可使无余辙，马蹄之外可使无余地；未尝觉山谷之崄[⑤]，原隰[⑥]之夷，视之一也。吾术穷矣，汝其识[⑦]之！"

---

① 齐辑：驾车时使车马整齐、协调。辑，马车。

② 衔：马嚼子，青铜或铁制，放在马的口内，用以驾驭马。

③ 唇吻：马的嘴唇。

④ 策：马鞭。

⑤ 崄：通"险"。

⑥ 原隰（xí）：原野。隰，低矮湿地。

⑦ 识：记住。

译文

造父的师傅名叫泰豆氏。造父开始跟着他学习驾驭马车的时候，行礼很谦恭，泰豆三年没有教他任何东西。造父待师的礼节更加恭谨，于是泰豆氏跟他说："古诗说：'擅长制造良弓的人，必须先学习编织簸箕；擅长冶炼的人，必须先学习缝补皮袍。'你先注意观察我快走的姿势。快走的姿势像我一样了，然后才可以掌握住六根缰绳，驾驭好六匹马的马车。"

造父说："完全遵照您的教导办。"

泰豆氏便立了一根根木桩当路，每根木桩上仅能容下一只脚；木桩之间的距离是按一步路一根放置的，然后他踩在木桩上行走。只见他快步往返，根本不会失足跌倒。

造父跟着老师学，三天时间就掌握了全部技巧。

泰豆氏感慨道："你怎么那样灵敏？掌握得这样快啊！凡是驾车的人，也是像这样的。从前你走路，得力于足下，足下又是顺应心的指挥。把这个道理推广到驾车上来，就是通过协调马缰绳、马嚼子使车子走得平稳，控制调和马口使车走得或快或慢，正确的驾车法则在你心中，控制马的节奏则由你的手来掌握。你内心懂得了驾车的法则，对外你又能适应马的脾气，因此能做到进退像踩着绳墨一般笔直，盘旋迂回像照着圆规一般圆滑，跑的路远可是力气依然用不完，这样才可以说真正掌握了驾车的技术。马嚼子掌握好了，马缰绳就能与之相应；掌握马缰绳，是顺应着手的操纵；手的操纵，是听从心的指挥。那就可以不用眼睛看，不用马鞭子赶；心里悠闲自得，身体坐得端端正正，而六根缰绳一点儿不乱，二十四只马蹄跨出去没有丝毫差错；倒车转弯，或进或退，没有不合拍的。这样，车道的大小仅能容车轮就够了，马蹄踏的宽度之外，不必有多余的地盘；从来不会觉得山谷崎岖危险，原野宽阔平坦，在我看来，它们都一样。我的技术全部说完了，你好好记住它！"

单元学习任务

任务一

文言词语的积累是学习文言文的重要内容，学习文言词语，应正确理解每个词语的含义，并能举一反三，触类旁通。一个文言词语往往有几个义项，在学习时要随时总结，不断梳理归纳，这样我们阅读文言文的能力才能不断提高。请结合学过的文章，对本单元出现的一词多义现象进行整理。

任务二

寓言，是用假托的故事或自然物的拟人手法来说明某个道理或教训的文学作品，常常带有讽刺或劝诫的性质。读寓言时，首先要读懂寓言叙述了一件什么事，故事中有哪些人物（有时是采用拟人手法写的植物、动物等），再通过对故事的分析，关注寓言的开头和结尾的关键语句，把握寓意。本单元的寓言故事都有什么寓意呢？请同学们选择几篇，用简洁、准确的语言提炼寓意，建议从多个角度进行解读。

寓言篇目	寓意一	寓意二

任务三

请任选本单元中的一则寓言，重新设计情节，赋予其新的寓意，改写成一则新的寓言。也可以尝试自主创作一篇寓言故事，在班里召开一个寓言故事会，与同学们分享交流。

各领风骚

“江山代有才人出，各领风骚数百年。”本单元所选文章涉及的人物都是彪炳史册的名人，不论是古代的廉颇、蔺相如、张良、岳飞、李广，还是当代的杨绛、老舍，他们的爱国情怀或人格魅力，激励、感染着后人。今天，就让我们从《史记》出发，沿着那一行行闪亮的足迹，领略那一段段不朽的传奇，去追寻那一个个光辉的形象，仰望他们的绝代风华吧！

本单元所选文章，语言简洁，事例典型，感人肺腑，颇具艺术感染力。阅读时，要在积累文言词语的基础上，把握写人叙事的技巧，注意体会正侧面描写和对比、衬托等手法的表达效果，并有意识地将其运用到自己的写作实践中。

1. 将相和[①]

⊙〔汉〕司马迁

既罢归国，以相如功大，拜为上卿，位在廉颇之右[②]。廉颇曰：“我为赵将，有攻城野战之大功，而蔺相如徒以口舌为劳，而位居我上，且相如素贱人[③]，吾羞，不忍为之下。”宣言曰：“我见相如，必辱之。”相如闻，不肯与会。相如每朝时，常称病，不欲与廉颇争列[④]。已而相如出，望见廉颇，相如引车避匿[⑤]。于是舍人[⑥]相与[⑦]谏曰：“臣所以去亲戚而事君者，徒慕君之高义也。今君与廉颇同列，廉君宣恶言而君畏匿之，恐惧殊甚，且庸人尚羞之，况于将相乎！臣等不肖，请辞去。”蔺

---

① 选自《史记·廉颇蔺相如列传》，题目为编者加。

② 右：上，战国时以右为尊。

③ 贱人：地位卑贱的人。

④ 争列：争位次的高下。

⑤ 引车避匿：将车子调转以躲避。

⑥ 舍人：指蔺相如的门客。

⑦ 相与：一起，共同。

相如固止之，曰："公之视廉将军孰与秦王[1]？"曰："不若也。"相如曰："夫以秦王之威，而相如廷叱之，辱其群臣，相如虽驽[2]，独畏廉将军哉？顾吾念之，强秦之所以不敢加兵于赵者，徒以吾两人在也。今两虎共斗，其势不俱生。吾所以为此者，以先国家之急而后私仇也。"廉颇闻之，肉袒负荆[3]，因[4]宾客至蔺相如门谢罪。曰："鄙贱之人，不知将军[5]宽之至此也。"卒相与欢，为刎颈之交[6]。

译文

渑池会结束以后回到赵国，由于蔺相如功劳大，被封为上卿，官位在廉颇之上。廉颇说："我作为赵国的将军，有攻夺城池、作战旷野的大功劳，而蔺相如只不过靠能说会道立了点功，他的地位却在我之上，况且蔺相如本来就出身卑贱，我感到羞耻，无法容忍自己的职位在他之下。"并且扬言说："我遇见蔺相如，一定要羞辱他。"蔺相如听到这话后，不愿意和廉颇相会。每到上朝时，蔺相如常常声称有病，不愿和廉颇去争位次的高下。没过多久，蔺相如外出，远远看到廉颇，就掉转车子回避。于是蔺相如的门客就一起来规谏说："我们之所以离开亲人来侍奉您，是仰慕您高尚的节义呀。如今您与廉颇官位相同，廉颇传出中伤您的话，而您害怕他、躲

① 孰与秦王：与秦王相比怎么样？孰与，与……相比。孰，谁，哪一个。

② 驽：愚笨，拙劣。

③ 负荆：背着荆条，表示愿受鞭打。

④ 因：通过。

⑤ 将军：当时的上卿兼职将相，所以廉颇这样称呼蔺相如。

⑥ 刎（wěn）颈之交：指能够共患难、同生死的朋友。刎，割。

避着他，胆怯得也太过分了，一般人尚且感到羞耻，更何况是身为将相的人呢！我们这些人没有出息，请让我们辞去吧！”蔺相如坚决地挽留他们，说：“诸位认为廉将军和秦王相比谁更厉害？”众人都说：“廉将军比不上秦王。”蔺相如说：“以秦王的威势，我尚敢在朝廷上呵斥他，羞辱他的群臣，我蔺相如虽然无能，难道只是因为害怕廉将军吗？只不过是我想到，强大的秦国之所以不敢对赵国用兵，就是因为有我们两人在呀。如今我们俩相斗，就如同两只猛虎争斗一般，势必不能同时生存。我之所以这样忍让，就是将国家的安危放在前面，而将个人的私怨搁在后面罢了。”廉颇听说了这些话，就脱去上衣，露出上身，背着荆鞭，由门客引领，来到蔺相如的门前请罪。他说：“我这个粗野卑贱的人，想不到将军的胸怀如此宽大啊！”二人终于和好，成了生死与共的好友。

学习提示

读史使人明智。只要读史，就不能错过被鲁迅誉为“史家之绝唱，无韵之《离骚》”的《史记》。《史记》是我国第一部纪传体通史，以写人为主。这就要求我们在阅读时不仅要了解一些重要的历史知识，更要去分析、研究其中精湛的写人方法，并为己所用。本文从《史记》中节选的关于廉颇、蔺相如的经典片段，将人物刻画得个性鲜明，栩栩如生。

请在“读通”“读懂”之后，看看作者运用了什么方法，塑造了怎样的人物形象，表达了怎样的思想感情，力求将文章“读透”。

2. 李将军列传（节选）

⊙〔汉〕司马迁

匈奴大入上郡，天子使中贵人[①]从广，勒习兵，击匈奴。中贵人将骑数十纵[②]，见匈奴三人，与战。三人还射[③]，伤中贵人，杀其骑且尽。中贵人走广。广曰："是必射雕者也。"广乃遂从百骑往驰三人。三人亡马步行，行数十里。广令其骑张左右翼，而广身自射彼三人者，杀其二人，生得一人，果匈奴射雕者也。已缚之上马，望匈奴有数千骑，见广，以为诱骑，皆惊，上山陈[④]。广之百骑皆大恐，欲驰还走。广曰："吾去大军数十里，今如此以百骑走，匈奴追射我立尽。今我留，匈奴必以我为大军诱之，必不敢击我。"广令诸骑曰："前！"前未到匈奴陈

① 中贵人：皇帝亲信的人。

② 纵：放纵驰骋，指放马向敌方驰去。

③ 还射：回身射箭。

④ 陈：通"阵"，布置阵列。

二里所[1]，止，令曰："皆下马解鞍！"其骑曰："虏多且近，即有急，奈何？"广曰："彼虏以我为走，今皆解鞍以示不走，用坚其意。"于是胡骑遂不敢击。有白马将出护其兵，李广上马与十余骑奔射杀胡白马将，而复还至其骑中，解鞍，令士皆纵马卧。是时会暮，胡兵终怪之，不敢击。夜半时，胡兵亦以为汉有伏军于旁，欲夜取之，胡皆引兵而去。平旦，李广乃归其大军。大军不知广所之，故弗从。

译 文

匈奴大举入侵上郡时，天子派亲近的宦官跟随李广整训士兵，抗击匈奴。一次，这位宦官带了几十名骑兵纵马驰骋，遇到三个匈奴人，与他们交战。那三个人转身射箭，伤了宦官，那几十名骑兵也几乎全被射杀。宦官逃回去告知李广。李广说："这一定是能够射雕的神射手。"于是李广带一百名骑兵去追那三个人。那三个人因为没有马而徒步行走，走了几十里。李广命令骑兵散开，从左右两面包抄，并亲自射击那三人，结果射死二人，活捉一人，果然是匈奴射雕的人。待捆绑好俘虏上马，望见匈奴有数千骑兵过来了，他们看见李广，以为是诱敌的骑兵，都很吃惊，便上山布阵。李广的一百骑兵也非常恐慌，想奔驰转回。李广说："我们离大军几十里，现在以一百骑兵这样逃跑，匈奴一追赶射击，我们马上就被杀尽了。现在我们若留下，匈奴一定以为我们是为大军来诱敌，必然不敢来袭击我们。"李广命令骑兵说："前进！"进到约离匈奴阵地二里处停了下来，又下令说："都下马解鞍！"他的骑兵说："敌人多而且离得近，如果有紧急情况，怎么办？"李广说："那些敌人以为我们会逃跑，现在都解鞍就表示不逃跑，可以使敌人更加坚信我们是来诱敌的错误判断。"于是匈奴骑兵果真没敢袭击。有个骑白马的匈奴将军出阵监护他的兵卒，李广上马与十几名骑兵

---

① 二里所：二里路光景。所，表示约计的词。

奔驰前去射杀了这个匈奴白马将军，然后又返回到他的骑兵中间，解下马鞍，命令士兵把马放开，随便躺卧。这时刚好天黑，匈奴兵始终觉得很奇怪，不敢出击。半夜时，匈奴兵还以为汉军有伏兵在旁边，准备夜间袭击他们，就全部带兵撤走了。天亮后，李广回到大军驻地。大军不知李广在哪里，所以没有派兵去接应。

汉朝名将“飞将军”李广机智勇敢、廉洁宽厚，却不得封爵，最后被迫自刎。本文所节选的片段主要围绕李广“善射”的特征展开叙述，他根据“善射”的经验来判断敌情，料事如神，给我们留下了深刻的印象。

文章叙事重点突出，细节描写生动传神，而且善于用对比的手法刻画人物。对于这些特点，阅读时要细细体会。

3. 张良传（节选）[1]

⊙〔汉〕班固

沛公入秦，宫室帷帐狗马重宝妇女以千数，意欲留居之。樊哙谏，沛公不听。良曰："夫秦为无道，故沛公得至此。为天下除残去贼，宜缟素[2]为资。今始入秦，即安其乐，此所谓'助桀为虐'。且'忠言逆耳利于行，毒药[3]苦口利于病'，愿沛公听樊哙言。"沛公乃还军霸上。

项羽至鸿门，欲击沛公，项伯夜驰至沛公军，私见良，欲与俱去。良曰："臣为韩王送沛公，今事有急，亡去不义。"乃具语沛公。沛公大惊，曰："为之奈何？"良曰："沛公诚

---

① 选自《汉书·张良传》。

② 缟素：白色的衣服。"缟"和"素"都是白绢，这里比喻清白俭朴。

③ 毒药：药物的一种，常指药性猛烈的药。

欲背项王邪[①]？”沛公曰：“鲰生[②]说我距[③]关毋内[④]诸侯，秦地可王也，故听之。”良曰：“沛公自度能却项王乎？”沛公默然，曰：“今为奈何？”良因要[⑤]项伯见沛公。沛公与伯饮，为寿，结婚，令伯具言沛公不敢背项王，所以距关者，备它盗也。

译文

沛公到达秦国，看到宫殿中有数以千计的帷帐、狗马、珍宝、美女，他想留下住在那里。樊哙劝谏，刘邦没有听他的。张良说："因为秦王昏庸无道，所以沛公能攻入咸阳到这里。想要为天下除去祸害，现在应该以勤俭朴素为本。现在刚入秦，就想着安于享乐，这就是所说的'助桀为虐'。况且'忠言逆耳利于行，毒药苦口利于病'，希望沛公听从樊哙的劝告。"沛公就又回去驻扎在霸上。

项羽率军到达鸿门，要攻打沛公，项伯夜里跑到沛公军中，偷偷地见张良，想和他一起逃离。张良说："我答应韩王护送沛公，现在事情紧急，逃跑是不义的。"便把这事告诉了沛公。沛公很惊讶，说："现在怎么办？"张良说："沛公真的想要背叛项王吗？"沛公说："有个小人教唆我把持关口不让诸侯进来，并且可以在秦地称王，我便听了他的建议。"张良说："沛公觉得自己能打败项王吗？"沛公沉默了，说："现在该怎么办？"于是张良邀请项伯来见沛公。沛公和项伯一起喝酒，为项伯祝寿并与他结为亲家，让项伯向项羽详细说明沛公不敢背叛项王，把住关口的原因是提防别的强盗。

---

① 邪：通“耶”。

② 鲰（zōu）生：犹言小子。骂人的话。

③ 距：通“拒”，抵御。这里指把守、封锁。

④ 内：通“纳”，接收。

⑤ 要：通“邀”，邀请。

4. 管鲍之交[①]

⊙〔汉〕司马迁

管仲夷吾[②]者，颍上[③]人也。少时常[④]与鲍叔牙游，鲍叔[⑤]知其贤。管仲贫困，常欺[⑥]鲍叔，鲍叔终善遇之，不以为言。已而鲍叔事齐公子小白[⑦]，管仲事公子纠[⑧]。及小白立为桓公，公子纠死，管仲囚焉。鲍叔遂进[⑨]管仲。管仲既用，任政于齐，齐桓

---

① 选自《史记·管晏列传》，题目为编者加。

② 管仲夷吾：姓管名夷吾，字仲。

③ 颍上：地名，今安徽省颍上县。

④ 常：通“尝”，曾经。

⑤ 鲍叔：即鲍叔牙。

⑥ 欺：骗。

⑦ 公子小白：即日后的齐桓公，齐僖公之子。

⑧ 公子纠：齐僖公之子，齐桓公之兄。

⑨ 进：推荐。

公以霸，九合诸侯[①]，一匡天下[②]，管仲之谋也。

管仲曰："吾始困时，尝与鲍叔贾[③]，分财利多自与，鲍叔不以我为贪，知我贫也。吾尝为鲍叔谋事而更穷困，鲍叔不以我为愚，知时有利不利也。吾尝三仕三见逐于君，鲍叔不以我为不肖，知我不遭时也。吾尝三战三走[④]，鲍叔不以我怯，知我有老母也。公子纠败，召忽[⑤]死之，吾幽囚受辱，鲍叔不以我为无耻，知我不羞小节而耻功名不显于天下也。生我者父母，知我者鲍子也。"

---

① 九合诸侯：多次召集各国诸侯会遇定盟。九，泛指多次。

② 一匡天下：曾经一度整顿了天下的秩序，指率领诸侯共尊周室。匡，正，纠正。

③ 贾（gǔ）：做买卖。旧时行商曰"商"，坐商曰"贾"。

④ 走：败逃。

⑤ 召（shào）忽：原与管仲共同辅佐公子纠的人。

译 文

管仲，名夷吾，是颍上人。他年轻的时候，曾经和鲍叔牙交往，鲍叔牙知道他贤明、有才干。管仲家贫，两人合伙做生意时，经常占鲍叔牙的便宜，但鲍叔牙始终待他很好，不因为这些事而有什么怨言。不久，鲍叔牙侍奉齐国公子小白，管仲侍奉公子纠。等到小白即位，立为齐桓公以后，公子纠被杀，管仲被囚禁。于是鲍叔牙向齐桓公推荐管仲。管仲被任用以后，在齐国执掌朝政，辅佐齐桓公成了一代霸主，齐桓公多次召集诸侯会盟，一度稳定了周天子朝内的混乱局面，这都是靠着管仲的谋略。

管仲说："我当初贫困的时候，曾经和鲍叔牙经商，分财利时自己常常多拿一些，但鲍叔牙不认为我贪财，他知道我生活贫困。我曾经为鲍叔牙出主意办事，结果让事情越来越糟，但鲍叔牙不认为我愚笨，他知道这是因为运气有时好有时坏。我曾经多次做官，多次都被君主免职，但鲍叔牙不认为我没有才干，他知道我这时正运气不好。我曾多次作战，多次战败逃跑，但鲍叔牙不认为我胆小，他知道我家有老母，需要人奉养。公子纠失败，召忽因此而死，我被关在深牢中受屈辱，但鲍叔牙不认为我无耻，他知道我不会为小节而羞，却会因为功名不曾显耀于天下而耻。生我的是父母，了解我的是鲍叔牙啊！"

5. 周亚夫绝食而死[①]

⊙〔宋〕司马光

帝[②]居禁中[③]，召周亚夫赐食，独置大胾[④]，无切肉，又不置箸[⑤]。亚夫心不平，顾谓尚席[⑥]取箸。上视而笑曰："此非不足君所乎[⑦]？"亚夫免冠谢上，上曰："起。"亚夫因趋[⑧]出。上目送之曰："此鞅鞅[⑨]，非少主臣也。"

① 选自《资治通鉴》，题目为编者加。

② 帝：指汉景帝刘启。

③ 禁中：即宫中。

④ 胾（zì）：大块的肉。

⑤ 箸：筷子。

⑥ 尚席：操持宴席的官吏。

⑦ 此非不足君所乎：这些难道还不能让你满意吗？非，莫非。

⑧ 趋：小步疾行。

⑨ 鞅（yàng）鞅：恼怒不平的样子。

居无何，亚夫子为父买工官尚方[①]甲楯[②]五百被[③]，可以葬[④]者。取庸[⑤]苦之，不与钱。庸知其盗买县官[⑥]器，怨而上变[⑦]，告子，事连污亚夫。书既闻，上下吏。吏簿责[⑧]亚夫，亚夫不对。上骂之曰："吾不用也！"召诣廷尉[⑨]。廷尉责问曰："君侯欲反何？"亚夫曰："臣所买器，乃葬器也，何谓反乎？"吏曰："君纵不欲反地上，即欲反地下耳！"吏侵之益急。初，吏捕亚夫，亚夫欲自杀，其夫人止之，以故不得死，遂入廷尉。因不食五日，欧[⑩]血而死。

---

① 工官尚方：主管为宫廷制造器具的部门。尚方，尚方署的简称。

② 楯（dùn）：通"盾"，盾牌。

③ 被：具。

④ 葬：指殉葬。

⑤ 取庸：雇用长工、短工。

⑥ 县官：指皇帝。

⑦ 上变：上书告发不轨、犯禁的行为。

⑧ 簿责：按文书所列一一责问。

⑨ 诣（yì）廷尉：到最高司法官处接受审讯。

⑩ 欧（ǒu）：通"呕"，呕吐。

译文

汉景帝在宫中，召周亚夫入宫并赐以饭食，席上只有一大块肉，既没有切碎，又没有放筷子。周亚夫心里不高兴，他回头叫主管宴席的官员去拿筷子。汉景帝看着周亚夫冷笑说："这还不能让你满意吗？"周亚夫赶紧脱下帽子叩头请罪，汉景帝说："起来吧。" 周亚夫只好躬身快步地退出门去。汉景帝盯着他的背影说："这个心怀不满的家伙，可不是一个能受少年皇帝支使的人。"

没过多久，周亚夫的儿子为周亚夫向专为宫廷服务的制造厂买了五百套作殉葬用的锐甲和兵器。由于虐待雇工，不给人家工钱，雇工们知道他们这是偷着买了皇家使用的陪葬物品，一怒之下上书告发了周亚夫的儿子，事情牵连到了周亚夫。汉景帝看过检举信，把这个案子交给有关的法吏审理。法吏拿着文书到周亚夫家验问，周亚夫不理他。汉景帝听说后生气地骂道："我也用不着叫你书面回答了！"于是下令叫周亚夫到廷尉署去接受审判。廷尉责问周亚夫说："君侯你为什么想造反？"周亚夫说："我买的那些东西都是殉葬品，怎么能说是造反呢？"旁边的小吏们说："即使你不是想在人间造反，也是想到地下去造反！"他们就越来越厉害地迫害周亚夫。起初，当狱吏去逮捕周亚夫时，周亚夫就想自杀，他的夫人劝阻，他没死成，才到了廷尉署。周亚夫一连五天拒绝进食，最后吐血而死。

6. 岳飞二三事[①]

⊙《宋史》

飞至孝，母留河北，遣人求访[②]，迎归。母有痼疾，药饵必亲[③]。母卒，水浆不入口者三日。家无姬侍，吴玠素[④]服飞，愿与交欢[⑤]，饰[⑥]名姝[⑦]遗[⑧]之。飞曰："主上宵旰[⑨]，岂大将安乐时？"却不受，玠益敬服。少豪饮，帝戒之曰："卿异时到河朔，乃可饮。"

---

① 选自《宋史·岳飞传》，题目为编者加。

② 求访：寻找。

③ 药饵必亲：一定亲自给母亲喂药。

④ 素：向来。

⑤ 交欢：结友。

⑥ 饰：打扮。

⑦ 名姝：姿色出众的女子。

⑧ 遗（wèi）：给予，赠送。

⑨ 宵旰（gàn）：宵衣旰食，即天不亮就起床，天黑了才吃饭歇息，形容终日操劳国事，这里指皇上昼夜烦忧。

遂绝不饮。帝初为飞营第[1]，飞辞曰："敌未灭，何以家为？"或问天下何时太平，飞曰："文臣不爱钱，武臣不惜死，天下太平矣。"

译文

岳飞特别孝顺，他的母亲住在黄河以北，他就派人去寻找他母亲，并把她接了回来。他的母亲有顽疾，他就一定要亲自给母亲喂药。母亲去世后，岳飞三天不吃不喝。他家中没有婢女伺候，吴玠一向敬仰岳飞，愿意与他结为好友，就把姿色出众的女子打扮好送给他。岳飞说："主上终日为国事操劳，怎能是臣子贪图享乐的时候？"岳飞没有接受，将女子送回，吴玠就更加敬仰岳飞了。岳飞年轻时嗜酒，皇帝告诫他："你等到了河朔（即把金人赶过黄河），才可以这样饮酒。"于是岳飞从此不再饮酒。皇帝曾经想要给岳飞建造住宅，岳飞推辞道："敌人尚未被消灭，怎能谈论家事？"有人问天下何时才会太平，岳飞说："文官不爱财，武将不怕死，天下就太平了。"

① 营第：建造住宅。

7. 辛弃疾传（节选）

⊙《宋史》

辛弃疾字幼安，齐之历城人。少师蔡伯坚，与党怀英同学，号辛、党。始筮仕[①]，决以蓍[②]，怀英遇《坎[③]》，因留事金，弃疾得《离》，遂决意南归。

金主亮死，中原豪杰并起。耿京聚兵山东，称天平节度使，节制山东、河北忠义军马，弃疾为掌书记，即劝京决策南向。僧义端者，喜谈兵，弃疾间[④]与之游。及在京军中，义端亦聚众千余，说下之，使隶京。义端一夕窃印以逃，京大怒，欲杀弃疾。弃疾曰："匄[⑤]我三日期，不获，就死未晚。"揣[⑥]僧[⑦]必以虚实奔告金帅，

① 筮（shì）仕：占卜仕途。筮，占卜。

② 蓍（shī）：一种草名，古代用来占卜。

③ 坎：一种卦相的名称。下文的"离"也是卦相的名称。

④ 间：偶尔，断断续续。

⑤ 匄（gài）：赐予，给予。

⑥ 揣：推测。

⑦ 僧：指义端。

急追获之。义端曰：“我识君真相，乃青兕[①]也，力能杀人，幸勿杀我。”弃疾斩其首归报，京益壮之。

译文

辛弃疾字幼安，山东历城人。年轻时以蔡伯坚为师，与党怀英一同学习，并称“辛党”。当初辛弃疾、党怀英占卜仕途，凭蓍草占卜决定，党怀英得到的是坎卦，于是留在北方为金主做事，而辛弃疾得到离卦，就下决心南归大宋。

金主完颜亮死后，中原豪杰纷纷起义。耿京在山东聚集人马，号称天平节度使，调配管辖山东、河北效忠大宋王朝的军马，辛弃疾在耿京手下做掌书记，就劝耿京作南归决断。僧人义端好论军事，早先辛弃疾有时跟他有来往。等到辛弃疾来到耿京军中，义端也聚集了一千多人，辛弃疾劝他投奔耿京，让他做了耿京的下属。一天晚上，义端窃得耿京的大印逃跑了，耿京大怒，要杀辛弃疾。辛弃疾说：“请给我三天期限，我若没抓到他，再杀我也不晚。”他推测义端一定会将义军的虚实报告给金帅，马上行动抓住了他。义端用计道：“我知道你真正的命相，是青犀相，你有力量杀人，然而幸运的是你不会杀我。”辛弃疾并不理会，斩了他的头回报耿京，耿京更认为他是壮士。

① 兕（sì）：犀牛。

8. 宋濂故事二则[①]

⊙《明史》

一

宋濂尝与客饮，帝密使人侦视。翌日，问濂昨饮酒否，坐客为谁，馔[②]何物。濂具以实对。笑曰："诚然，卿不朕欺。"间召问[③]群臣臧否，濂惟举其善者对，曰："善者与臣友，臣知之；其不善者，不能知也。"

二

主事茹太素[④]上书万余言。帝怒，问廷臣。或指其书曰："此不敬，此诽谤非法。"问濂，对曰："彼尽忠于陛下耳。陛下

① 选自《明史·宋濂传》，题目为编者加。宋濂，字景濂，明初文学家。

② 馔：饭菜。

③ 间召问：秘密地召见（宋濂）询问。

④ 茹太素：人名，时任主事之职。

方开言路，恶[1]可深罪。”既而[2]帝览其书，有足采者。悉召廷臣诘责，因呼濂字曰：“微[3]景濂，几误罪言者。”

译 文

一

宋濂曾经与客人饮酒，皇帝暗中派人去侦探察看。第二天，皇帝问宋濂昨天饮酒没有，座中的来客是谁，饭菜有什么，宋濂全部如实回答。皇帝笑着说：“确实如此，你没有欺骗我。”皇帝秘密地召见宋濂问起大臣们的好坏，宋濂只举出那些好的大臣说说，皇帝问他原因，宋濂回答道：“好的大臣和我交朋友，所以我了解他们；那些不好的，我不和他们交往，所以不了解他们。”

二

主事茹太素上奏章一万多字。皇帝大怒，询问朝中大臣对奏章的意见。有人指着茹太素的奏章说：“这里不敬，这里的批评不合法制。”皇帝问宋濂，宋濂回答说：“他只是对陛下尽忠罢了。陛下正广开言路，不要重责他。”不久，皇帝看了茹太素的奏章，发现有值得采纳的内容。他把朝臣都召来斥责，于是口呼宋濂的字说：“如果没有景濂，我几乎要错怪进谏的人。”

---

① 恶：通“勿”。

② 既而：不久。

③ 微：如果没有。

9. 司马迁与《史记》

⊙韩兆琦

司马迁生活在西汉武帝时代，前后曾为郎中、太史令、中书令等职。《史记》共130篇，52万字，包括“本纪”“表”“书”“世家”“列传”五个部分。记事上起轩辕黄帝，中经唐、虞、夏、商、周、秦，下迄汉武帝太初年间。《史记》包罗广泛，体大思精。它不仅写了远古、近古，也写了现代、当代；不仅写了中原、华夏，也写了边疆、外国；不仅写了政治、军事，也写了经济、文化；不仅写了帝王将相、英雄豪杰，也写了下层社会各色人等。这种囊括古今各类知识、各家各派文化于一炉而加以融会贯通的气魄，是前无古人的；司马迁自述其写作此书的目的是“究天人之际，通古今之变，成一家之言”，这种打通一切领域，自立学术章程，总结一切规律以求为现实政治服务的宏伟目标，也是前无古人的。

《史记》中最激动人心的思想在今天看来主要有四点：

其一是它所表现的进步的民族观。司马迁吸收了战国以来有关中国境内各民族以及周边国家发展来源的说法，在《史记》中把春秋、战国时代的中原、荆楚、吴越、秦陇、两广、云贵、塞北、东北各地区的国家与民族都当作黄帝的子孙，这对于两千多年来我国这个多民族的友好大家庭的形成与稳定，起了难以估量的作用。不仅如此，司马迁在写到汉王朝对周边国家、周边民族用兵的时候，又总是站在反对穷兵黩武，反对扩张、掠夺的立场，他所追求的是各民族间平等友好地和睦相处。正是从这个意义上，我们说司马迁是当时汉族被压迫人民与各周边少数民族共同的朋友。

其二是它所表现的进步的经济思想。这包括强调发展经济，认为经济是国家强大的基础；反对单打一的“重本抑末”，而提倡“工”“农”“商”“虞”四者并重；反对从政治上对工商业者的歧视，而歌颂他们的本领、才干，并专门为他们树碑立传等。

其三是它所表现的强烈的民主性与批判性。《史记》是先秦文化的集大成者，司马迁是先秦士大夫优秀思想人格的继承者与发扬者。他之所以写《史记》，不单纯是为了记载历史陈迹，而是明确地为了“成一家之言”，因而《史记》中就突出地显示了一种作者所追求的理想政治、理想社会的光芒，和对现实政治、现实社会的种种批判。其中有些是相当深刻、相当准确，甚至是两千多年来常读常新的。

其四是贯彻全书的那种豪迈的人生观、生死观、价值观。

司马迁在《史记》中所歌颂的几乎都是一些勇于进取、勇于建功立业的英雄。他们有理想、有抱负、有追求；他们为了某种信念、某种原则可以不惜牺牲自己的生命；他们有一种百折不挠、不达目的誓不罢休的精神。司马迁曾在《报任安书》中写道："人固有一死，或重于泰山，或轻于鸿毛，用之所趋异也。"他遭受宫刑，痛不欲生，为了完成《史记》，他顽强地活了下来。他视为榜样的是"文王拘而演《周易》；仲尼厄而作《春秋》；屈原放逐，乃赋《离骚》；左丘失明，厥有《国语》；孙子膑脚，《兵法》修列；不韦迁蜀，世传《吕览》；韩非囚秦，《说难》《孤愤》；《诗》三百篇，大抵圣贤发愤之所为作也。此人皆意有所郁结，不得通其道，故述往事，思来者。"司马迁的个人奋斗经历与《史记》中所歌颂的这些艰苦奋斗的思想，是司马迁留给后人的一份宝贵财富，它永远给我们以激励，给我们以启迪，当我们灰心丧气、濒临绝望的时候，给我们以力量、信心与勇气。

《史记》是我国第一部以人物为中心的伟大的历史著作，同时也是我国第一部以人物为中心的伟大的文学著作。从历史的角度讲，《史记》开创了我国古代两千多年纪传体的历朝"正史"的先河；从文学的角度讲，《史记》第一次运用丰富多彩的艺术手法，给人们展现了各具个性的历史人物。有震古烁今的帝王，如秦始皇、项羽、刘邦、汉武帝；有家喻户晓的朝臣，如管仲、晏婴、萧何、张良；有百战百胜的名将，如白起、韩信、卫青、霍去病；有改革家，如吴起、商鞅、赵武灵王；其他节烈型的有屈原、王蠋，论辩型的有张仪、苏秦、郦食其，侠义型的有鲁仲连、荆轲、朱家、郭解，滑稽型的有淳于髡①、优旃②，等等。他们千姿百态，给读者留下了深刻印象。

《史记》中的人物与先秦文学中的人物的显著差异在于他们鲜明的个性。由于作者十分注意设身处地揣摩每个情节、每个场面的具体情景，并力求逼真地表达出每个人物的心理个性，因此《史记》的描写语言和作者为作品人物所设计的对话都是异常精彩的。只要我们细心地把《廉颇蔺相如列传》《荆轲列传》中有关"完璧归赵""渑池会""易水送别""秦庭惊变"等情节、场面的具体描写分析一下，把《项羽本纪》《高祖本纪》中有关项羽、刘邦、张良等人物的对白分析一下，我们会深深为作者那种出神入化的匠心独运所倾倒。《高祖本纪》写刘邦与项羽相峙于荥阳时，项羽的部下一箭射中了刘邦的胸口，而刘邦当时竟"乃扪足曰：'虏中吾趾！'"，这对刘邦那种绝顶聪明，那种像是条件反射一样迅速而自然的随机应变，而同时又是"恢宏大度"、好调笑的性格是多么生动的刻画！当项羽被围垓下，夜闻汉军四面皆楚歌的时候，他"悲歌慷慨，自为诗曰：'力拔山兮气盖世，时不利兮骓不逝。骓不逝兮可奈何，虞兮虞兮奈若何？'"。清代周亮工说："垓下是何等时？虞姬死而子弟散，匹马逃亡，身迷大泽，亦何暇更作歌诗！

① 淳于髡（kūn）：战国时期齐国的政治家和思想家。

② 优旃（zhān）：秦国的一位歌舞艺人，善于说笑话，且笑话中蕴含着深刻的道理。

即有作，亦谁闻之，而谁记之与？吾谓此数语者，无论事之有无，应是太史公‘笔补造化’，代为传神。”此话可谓道出了《史记》文学性的某些重要诀窍。也正是从这些方面，我说《史记》在塑造人物的方法上，似乎有一种飞跃性的超前的成熟。

《史记》文学的另一个显著特点是它的抒情性。《史记》中有些作品篇幅不长，而通篇像一首诗，如《伯夷列传》《屈原列传》《游侠列传》就是这样的。但《史记》中大量篇章的抒情性是在于作品的夹叙夹议，以及融浓厚的爱憎感情于叙事、描写之中。如《项羽本纪》《魏公子列传》《李将军列传》等就是这样的。整部《史记》是一曲爱的颂歌、恨的诅曲，是一部饱含作者满腔血泪的悲愤诗。鲁迅曾说司马迁“恨为弄臣，寄心楮墨，感身世之戮辱，传畸人于千秋，虽背《春秋》之义，固不失为史家之绝唱，无韵之《离骚》矣”（《汉文学史纲要》）。《史记》的主观色彩与其抒情性，在历朝“正史”中是最浓厚、最突出的。

《史记》的出现，确定了我国古代史书的基本格局，诸如思想方面的以史为鉴，富有教化作用；形式方面的篇幅短小，强调表现人物性格，而不在堆砌材料的多与全，以及语言的精美、抒情等。而《史记》写人物、写故事的方法又给我国后世小说、戏剧以深刻影响，《史记》中的诸多主题，《史记》人物的诸多范型，以及《史记》故事的许多情节场面，都为后世的小说、戏剧开出了无数法门。

《史记》作为第一部传记文学的确立，是具有世界意义的。

过去欧洲人以欧洲为中心，他们称希腊的普鲁塔克为“世界传记之王”。普鲁塔克大约生于公元45年，死于公元125年，著有《列传》（今本译作《希腊罗马名人传》），是欧洲传记文学的开端。如果我们把普鲁塔克放到中国古代史的长河里来比较一下，可以发现，普鲁塔克比班固还要晚生13年，若和司马迁相比，则大约晚生190年了。司马迁的《史记》要比普鲁塔克的《列传》早产生几乎两个世纪。

名家评《史记》

武帝时文人，赋莫若司马相如，文莫若司马迁。

史家之绝唱，无韵之《离骚》。

不拘于史法，不囿于字句，发于情，肆于心而为文。

——鲁迅

司马迁这位史学大师实在值得我们夸耀，他的一部《史记》不啻是我们中国的一部古代的史诗，或者说它是一部历史小说集也可以。

——郭沫若

10. 我眼中的杨绛先生

⊙铁　凝

5月27日晨，在协和医院送别杨绛先生。先生容颜安详、平和，一条蓝白小花相间的长款丝巾熨帖地交叠于颈下，漾出清新的暖意，让人觉得她确已远行，是回家了，从“客栈”返回她心窝儿里的家。

2014年夏末秋初，《杨绛全集》九卷本由人民文学出版社出版。二百六十八万字，涵盖散文、小说、戏剧、文论、译著等诸多领域，创作历程跨越八十余年。其时，杨绛先生刚刚安静地度过一百零三岁生日。

一

作为敬且爱她的读者之一，近些年我有机会十余次拜访杨绛先生，收获的是灵性与精神上的奢侈。而杨绛先生不曾拒我，一边印证了我持续的不懂事，一边体现着先生对晚辈后生的无私体恤。后读杨绛先生在其生平创作大事记写下“初识铁凝，颇相投”，略安。

2007年1月29日晚，是我第一次和杨绛先生见面。在三里河南沙沟先生家中，保姆开门后，杨绛先生亲自迎至客厅门口。她身穿圆领黑毛衣，锈红薄羽绒背心，藏蓝色西裤，脚上是一尘不染的黑皮鞋。她一头银发整齐地拢在耳后，皮肤是近于透明的细腻、洁净，实在不像近百岁的老人。她一身的新鲜气，笑着看着我。我有点拿不准地说：“我该怎么称呼您呢？杨绛先生？杨绛奶奶？杨绛妈妈……”只听杨绛先生略带顽皮地答曰：“何不就叫杨绛姐姐？”

那一晚，杨绛先生的朴素客厅给我留下难忘印象。未经装修的水泥地面，四白落地的墙壁，靠窗一张宽大的旧书桌，桌上堆满了文稿、信函、辞典。沿墙两只罩着米色卡其布套的旧沙发，通常客人会被让在这沙发上，杨绛则坐上旁边一只更旧的软椅。我仰头看看天花板，在靠近日光灯的地方有几枚手印很是醒目。杨绛先生告诉我，那是她的手印。七十多岁时她还经常将两只凳子摞在一起，然后演杂技似的蹬到上面换灯管。那些手印就是换灯管时手扶天花板留下的。杨绛说，她是家里的修理工，并不像从前有些人认为的，是“涂脂抹粉的人”。“至今我连陪嫁都没有呢。”杨绛先生笑谈。后来我在一次接受媒体采访时描述过那几枚黑手印，杨绛先生读了那篇文章说：“铁凝，你只有一个地方讲得不对，那不是黑手印，是白手印。”我赶紧仰头再看，果然是白手印啊。岁月已为天花板蒙上一层薄灰，手印嵌上去便成白的了。而我却想当然地认定人在劳动时留下的手印必是黑的，尽管在那晚，我明明仰望过客厅的天花板。

二

有时候我怕杨绛先生戴助听器时间长了不舒服，也会和先生“笔谈”。我从茶几上拿过巴掌大的小本子，把要说的话写在上面。这样的小本子是先生用订书器订成，用的是写过字的纸，为节约，反面再用。我在这简陋的小本子上写字，想着，当钱锺书、杨绛把一生积攒的千万余元版税捐给清华大学的学子们，是那样的毫不吝啬。我还想到作为文学大家、翻译大家的杨绛先生，是怎样地珍惜生命时光，靠了怎样超乎常人的毅力，才有了如此丰厚的著述。为翻译《堂吉诃德》，她四十七岁开始自学西班牙语，伴随着各种运动，七十二万字，用去整整二十年。1978 年 6 月 15 日，杨绛参加了邓小平为西班牙国王胡安·卡洛斯一世和王后举行的国宴，邓小平将《堂吉诃德》中译本作为国礼赠送给贵宾，并把译者杨绛介绍给国王和王后。杨绛先生说，那天她无意中还听到两位西班牙女宾对她的小声议论，她们说“她穿得像个女工”。“她们可能觉得我听不见吧，我呢，听见了。其实那天我是穿了一套整齐的蓝毛料衣服的。”杨绛说。

有时我会忆起 1978 年的国宴上西班牙女宾的这句话：“她穿得像个女工。”初来封闭已久，刚刚打开国门的中国，西班牙人对中国著名学者的朴素着装感到惊讶并不奇怪，那时的知识分子，单从穿着看去，大约都像女工或男工。

经历了太多风雨的杨绛，坦然领受这样的评价，如同她常说的“我们做群众最省事”，如同她反复说的，她是一个零。她成功地穿着“隐身衣”做大学问，看世相人生，哪怕将自己隐成一位普通女工。在做学问的同时，她也像那个时代大多数中国女性一样，操持家务，织毛衣烧饭，她常穿的一件海蓝色元宝针织法的毛衣就是在四十多年前织成的。我曾夸赞那毛衣针法的均匀平展，杨绛脸上立刻浮现出天真的得意之色。

记得有一次在北京和台湾“中研院”一位年轻学者见面，十几年前她在剑桥读博士，写过分析我的小说的论文。但这次见面，她谈得更多的是杨绛，说无意中在剑桥读了杨先生写于20世纪40年代的两部话剧《称心如意》《弄真成假》，惊叹杨先生那么年轻就展示出来的超拔才智、幽默和驾驭喜剧的控制力。接着她试探性地问我可否引荐她拜访杨先生，就杨先生的话剧，她有很多问题渴望当面请教。虽然我了解先生多年的习惯——尽可能谢绝慕名而来的访客，但受了这位学者真诚“问学”的感染，还是冒失地充当了一次引见人，结果被杨绛先生简洁地婉拒。我早应知道会是这个结果，这个结果只让我更切实地感受到杨绛先生的“隐身”意愿，学问深浅，成就高低，在她已十分淡远。任何的研究或褒贬，在她亦都是身外之累吧。自此我便更加谨慎，不曾再做类似的“引见”。

2011 年 7 月 15 日，杨绛先生百岁生日前，我和作协党组书记李冰前去拜望，谈及她的青年时代，我记得杨绛讲起和胡适的见面。胡适因称自己是杨绛父亲的学生，曾经去杨家在苏州的寓所拜访。在她眼中，胡适口才好，颇善交际。由胡适讲到“五四”，杨绛先生说：“我们大家讲‘五四运动’，当时在现场的，现在活着的恐怕只有我一个了，我那时候才八岁。那天我坐着家里的包车上学，在大街上读着游行的学生们写在小旗子上的口号‘恋爱自由，劳工神圣，抵制日货，坚持到底！’。我当时不认识‘恋’字，把‘恋爱自由’读成‘变爱自由’。学生们都客气，不来干涉我。”杨绛先生还记得，那时北京的泥土路边没有阴沟，都是阳沟，下雨时沟里积满水，不下雨时沟里滚着干树叶什么的，也常见骆驼跪卧在路边等待装卸货。汽车稀少，讲究些的人出行坐骡车。她感慨那个时代那一代作家。“今天，我是所谓最老的作家了，又是老一代作家里最年轻的。”那么年轻一代中最老的作家是谁呢？——我发现当我们想到一个人时，杨绛先生想的是一代人。

（有删改）

11. 我记忆中的老舍先生（节选）

⊙季羡林

我从高中时代起，就读老舍先生的著作，什么《老张的哲学》《赵子曰》《二马》，我都读过。到了大学以后，以及离开大学以后，只要他有新作出版，我一定先睹为快，什么《离婚》《骆驼祥子》等，我都认真读过。最初，由于水平的限制，他的著作我不敢说全都理解。可是我总觉得，他同别的作家不一样。他的语言生动幽默，是地道的北京话，间或也夹上一点山东俗语。他没有许多作家那种忸怩作态让人读了感到浑身难受的非常别扭的文体，一种新鲜活泼的力量跳动在字里行间。他的幽默也同林语堂之流的那种着意为之的幽默不同。总之，老舍先生成了我毕生最喜爱的作家之一，我对他怀有崇高的敬意。

但是，我认识老舍先生却完全出于一个偶然的机会。30 年代初，我离开了高中，到清华大学来念书。当时老舍先生正在济南齐鲁大学教书。济南是我的老家，每年暑假我都回去。李长之是济南人，他是我的唯一的一个小学、中学、大学“三连贯”的同学。

有一年暑假，他告诉我，他要在家里请老舍先生吃饭，要我作陪。在旧社会，大学教授架子一般都非常大，他们与大学生之间宛然是两个阶级。要我陪大学教授吃饭，我真有点受宠若惊。及至见到老舍先生，他却全然不是我心目中的那种大学教授。他谈吐自然，蔼然可亲，一点架子也没有，特别是他那一口地道的京腔，铿锵有致，听他说话，简直就像是听音乐，是一种享受。从那以后，我们就算是认识了。

…………

我现在已经记不清楚我们重逢时的情景。但是我却清晰地记得起 20 世纪 50 年代初期召开的一次汉语规范化会议时的情景。当时语言学界的知名人士，以及曲艺界的名人，都被邀请参加，其中有侯宝林、马增芬姊妹等。老舍先生、叶圣陶先生、罗常培先生、吕叔湘先生、黎锦熙先生等都参加了。这是新中国成立后语言学界的第一次盛会。当时还没有达到会议成灾的程度，因此大家的兴致都很高，会上的气氛也十分亲切融洽。

有一天中午，老舍先生忽然建议，要请大家吃一顿地道的北京饭。大家都知道，老舍先生是地道的北京人，他讲的地道的北京饭一定会是非常地道的，都欣然答应。老舍先生对北京人民生活之熟悉，是众所周知的。有人戏称他为“北京土地爷”。他结交的朋友，三教九流都有。他能一个人坐在大酒缸旁，同洋车夫、旧警察等旧社会的“下等人”，开怀畅饮，亲密无间，宛如亲朋旧友，谁也感觉不到他是大作家、名教授、留洋的学士。能做到这一步的，并世作家中没有第二人。这样一位老北京想请大家吃北京饭，大家的兴致哪能不高涨起来呢？商议的结果是到西四砂锅居去吃白煮肉，当然是老舍先生做东。他同饭馆的经理一直到小伙计都是好朋友，因此饭菜极佳，服务周到。大家尽兴地饱餐了一顿。虽然是一顿简单的饭，然而却令人毕生难忘。

还有一件小事，也必须在这里提一提。忘记了是哪一年了，反正我还住在城里翠花胡同没有搬出城外。有一天，我到东安市场北门对门的一家著名的理发馆里去理发，猛然瞥见老舍先生也在那里，正躺在椅子上，下巴上白糊糊的一团肥皂泡沫，正让理发师刮脸。这不是谈话的好时机，只寒暄了几句，就什么也不说了。等我坐在椅子上时，从镜子里看到他跟我打招呼，告别，看到他的身影走出门去。我理完发要付钱时，理发师说，老舍先生已经替我付过了。这样芝麻绿豆的小事殊不足以见老舍先生的精神，但是，难道也不足以见他这种细心体贴人的心情吗？

老舍先生的道德文章，光如日月，巍如山斗，用不着我来细加评论，我也没有那个能力。我现在写的都是一些小事。然而小中见大，于琐细中见精神，于平凡中见伟大，豹窥一斑，鼎尝一脔，不也能反映出老舍先生整个人格的一个缩影吗？

12. 朱自清

⊙张中行

朱自清先生的大名和成就，连年轻人也算在内，几乎无人不知，无人不晓，因为差不多都念过他的散文名作：《背影》和《荷塘月色》。我念他的《背影》，还是在中学阶段，印象是：文富于感情，这表示人纯厚，只是感伤气似乎重一些。1925 年他到清华大学以后，学与文都由今而古，写了不少值得反复诵读的书，如《诗言志辨》《经典常谈》等。1937 年以后，半壁江山沦陷，他随着清华大学到昆明，以及 1946 年回到北平以后，在立身处世方面，许多行事都表现了正派读书人的明是非、重气节。不幸的是天不与以寿，回北平刚刚两年，于 1948 年 8 月去世，仅仅活了五十岁。

我没有听过朱先生讲课，可是同他有一段因缘，因而对他的印象很深。这说起来难免很琐碎，反正是“琐话”，所以还是决定说一说。

我的印象，总的说，朱先生的特点是，有关他的，什么都协调。

有些历史人物不是这样，如霍去病，看名字，应该长寿，却不到三十岁就死了；王安石，看名字，应该稳重，可是常常失之躁急。朱先生名自清，一生自我检束，确是能够始终维持一个“清”字。他字佩弦，意思是本性偏于缓，应该用人力的“急”补救，以求中和。做没做到，我所知很少，但由同他的一些交往中可以推断，不管他自己怎样想，他终归是禀性难移，多情而宽厚，“厚”总是近于缓而远于急的。他早年写新诗，晚年写旧诗，古人说：“温柔敦厚，诗教也。”（《礼记·经解》）这由学以致用的角度看，又是水乳交融。文章的风格也是这样，清秀而细致，总是真挚而富于情思。甚至可以扯得更远一些，他是北京大学1920年毕业生，查历年毕业生名单，他却不是学文学的，而是学哲学的。这表面看起来像是不协调，其实不然，他的诗文多寓有沉思，也多值得读者沉思，这正是由哲学方面来的。

泛泛地谈了不少，应该转到个人的因缘了。是1947年，我主编一个佛学月刊名《世间解》，几乎是唱独角戏，集稿很难，不得已，只好用书札向许多饱学的前辈求援，其中之一就是朱先生。久做报刊编辑工作的人都知道，在稿源方面有个大矛盾，不合用的总是不求而得，合用的常是求之不得。想消灭求之不得，像是直到今天还没有好办法，于是只好碰碰试试，用北京的俗语说是“有枣没枣打一竿子”，希望万一会掉下一两个。我也是怀着有枣没枣打一竿子的心情这样做的，万没有想到，朱先生真就写了一篇内容很切实的文章，并很快寄来，这就是刊在第七期的

《禅家的语言》。当时为了表示感激，我曾在“编辑室杂记”里写：“朱自清教授在百忙中赐予一篇有大重量的文章，我们谨为本刊庆幸。禅是言语道断的事，朱先生却以言语之道道之，所以有意思，也所以更值得重视。”这一期出版在1948年1月，更万没有想到，仅仅七个月之后，朱先生就作古了。

大概是这一年的5月前后，有一天下午，住西院的邻居霍家的人来，问我在家不在家，说他家的一位亲戚要来看我。接着来了，原来是朱先生。这使我非常感激，用古人的话说，这是蓬户外有了长者车辙。他说，霍家老先生是他的表叔，长辈，他应该来问安。其时他显得清瘦，说是胃总是不好。谈一会闲话，他辞去。依旧礼，我应该回拜，可是想到他太忙，不好意思打搅，终于没有去。又是万没有想到，这最初的一面竟成了最后一面。

死者不能复生，何况仅仅一面，但我常常想到他。朱先生学问好，古今中外，几乎样样通。而且缜密，所写都是自己确信的，深刻而稳妥。文笔尤其好，清丽，绵密，细而不碎，柔而不弱。他代表“五四”之后散文风格的一派，由现在看，说是广陵散也不为过。可是我推重他，摆在首位的却不是学和文，而是他的行。《论语》有“行有余力，则以学文”的话，这里无妨断章取义，说：与他的行相比，文可以算作余事。行的可贵，具体说是，律己严、待人厚都超过常格。这二者之中，尤其超过常格的待人厚，更是罕见。这方面，可举的证据不少，我感到最亲切的当然是同自己的一段交往。我人海浮沉，认识人不算少，其中一些，名声渐渐增大，地位渐渐增高，空闲渐渐减少，因而就“旧雨来，今雨不来”。这是人之常情。朱先生却相反，是照常情可以不来而来。如果说学问文章是广陵散，这行的方面就更是广陵散了。

说来也巧，与朱先生告别，一晃过了二十年，一次在天津访一位老友，谈及他的小女儿结了婚，问男方是何如人，原来是朱先生的公子，学理科的。而不久就看见他，个子比朱先生高一些，风神却也是谦恭而恳挚。其时我老伴也在座，事后说她的印象是：“一看就是个书呆子。”我说：“能够看到朱先生的流风余韵，我很高兴。”

（有删改）

朱自清论“百读不厌”

经典给人知识，教给人怎样做人，其中有许多语言的、历史的、修养的课题，有许多注解，此外还有许多相关的考证，读上百遍，也未必能够处处贯通，教人多读是有道理的。但是后来所谓“百读不厌”，往往不指经典而指一些诗，一些文，以及一些小说；这些作品读起来津津有味，重读、屡读也不腻味，所以说“不厌”；“不厌”不但是“不讨厌”，并且是“不厌倦”。

单元学习任务

任务一

通假字是我们不能忽视的文言现象。所谓通假，即用读音或字形相同或者相近的字代替本字。“通假”就是“通用、借代”的意思，而通假字所代替的那个字就叫作“本字”。阅读文言文时，要把这些词语梳理出来，并不断积累，进一步提升文言文阅读的能力。请你仿照示例，将本单元文言文中的通假字找出来，并写出本字及其意义，填写在下面的表格中。

出处	句子	通假字	本字	意义
李将军列传（节选）	上山陈	陈	阵	布置阵列

任务二

《史记》《资治通鉴》并称为“史学双璧”。倘若我们将这两部史书相互补充着来阅读，就会对其中人物的命运有更加深入全面的了解。这两部书中都写了周亚夫这个人物，读了《资治通鉴》中的《周亚夫绝食而死》，你可能会产生这样的疑惑：那个在课本中被汉文帝称赞为“真将军”的周亚夫，在汉景帝那里却处处碰壁，最后落了个“绝食而死”的结局，这是为什么呢？请阅读《史记》中的《绛侯周勃世家》，你会从中找到答案的。请以“____的周亚夫”为主题完成一份手抄报，将阅读过程中让你深受触动的内容有序地整理在手抄报上。

任务三

阅读写人的文章，要充分领略人物的精神品质。本单元所写的人物中，哪一个给你留下的印象最深？如果让你用一个主题词来形容他，你会用什么词呢？为什么？请结合具体内容，用简洁生动的文字谈一谈。

诗意盎然

中国是诗的国度，中华诗词是民族文化的瑰宝。古代的诗人们或沉浸在自己的一方小天地中，抒发悠然情怀；或胸怀天下，表达家国之忧。

吟一首诗，看千年经典；歌一阕词，让唇齿留香。遨游于诗词的海洋，我们不仅能够识记催人奋进的哲理名句，想象悠远唯美的动人画面，体会丰富深邃的思想内容，还能领略各有千秋的创作风格，感受中华诗词的演变历史，感悟美妙绝伦的艺术特色。

诗歌中的抒情往往是含而不露的，诵读时要注意品析诗人借助了哪些艺术手法，抒发了怎样的情感，并养成主动积累诗词名句的习惯。

1. 饮酒（其四）

⊙〔晋〕陶渊明

秋菊有佳色，裛①露掇②其英。
泛③此忘忧物，远我遗世情④。
一觞⑤聊独进，杯尽壶自倾⑥。
日入群动⑦息，归鸟趋林鸣。
啸傲⑧东轩⑨下，聊复⑩得此生。

---

① 裛（yì）：通“浥”，沾湿。

② 掇（duō）：拾取，这里是采摘之意。

③ 泛：纵饮。

④ 遗世情：遗弃世俗的情怀，即隐居。

⑤ 觞（shāng）：古代的酒杯。

⑥ 壶自倾：指向杯中斟酒，亦表示酒已喝光。

⑦ 群动：万物。

⑧ 啸傲：无拘无束的样子。啸，呼啸。傲，高傲。

⑨ 东轩：东窗。

⑩ 聊复：姑且。

译 文

秋菊色彩艳丽，带着露水把它采摘。
纵情饮酒吧，以使我的弃世之情更加疏淡。
虽是对菊独饮，但却喝得杯干壶空。
日落时分各种动物已经栖息，空中传来归鸟飞向树林的啼鸣。
在东边的长廊下傲然长啸，姑且算作获得人生的真谛了吧。

学习提示

陶渊明的《饮酒》组诗共二十首，这组诗并不是酒后遣兴之作，而是诗人借酒为题，抒发对现实的不满和对田园生活的喜爱。从《饮酒（其四）》中，你读出了陶渊明怎样的心境呢？

2. 南园十三首（其五）

⊙〔唐〕李贺

男儿何不带吴钩[1]，收取关山五十州。

请君暂上凌烟阁[2]，若个书生万户侯？

译文

男子汉大丈夫为什么不带上精良的刀剑，去收取关山五十州呢？

请你暂且登上那画有开国功臣的凌烟阁去看，看看本朝功臣哪有一个是书生出身的？

学习提示

知人论世是学习诗歌的重要方法，请同学们查阅相关资料，了解李贺的生平和写作这首诗的背景。这首诗出现两个反问句，顿挫激越而又直抒胸臆，非常具有感染力。想一想，作者为什么采用这种写作手法？

① 吴钩：吴地出产的弯形的刀，此处指精良的刀剑。

② 凌烟阁：唐太宗为表彰开国功臣而建的殿阁，上有秦琼等二十四人的像。

3. 过华清宫绝句（其二）

⊙〔唐〕杜牧

新丰[①]绿树起黄埃[②]，数骑渔阳探使[③]回。
霓裳[④]一曲千峰[⑤]上，舞破中原[⑥]始下来。

---

① 新丰：唐设新丰县，在今陕西临潼东北，离华清宫不远。

② 黄埃：马队奔驰踏起的尘土。

③ 探使：唐玄宗派到渔阳探听情况的使臣。

④ 霓裳（ní cháng）：即《霓裳羽衣曲》，当时的宫廷舞曲。

⑤ 千峰：指骊山的众多山峰。

⑥ 舞破中原：指唐玄宗耽于享乐而误国，导致安史之乱。

译文

绿树环绕的新丰一带不时可见黄尘四起，那是前往渔阳探听情况的使臣回来了。

在骊山的群峰上狂舞的《霓裳羽衣曲》，非要等到叛军入侵中原、生灵涂炭才肯停下来。

学习提示

这首诗具有强烈的讽刺意味，全诗叙写了四个场景，没有一字议论，却将唐玄宗耽于享乐、执迷不悟的形象刻画得淋漓尽致。反复诵读此诗，仔细品味诗中的讽刺意味。

4. 题八咏楼[①]

⊙〔宋〕李清照

千古风流八咏楼，江山留与后人愁。

水通南国[②]三千里，气压江城十四州[③]。

译 文

登上这风采流传千古的景致优美的八咏楼远望，放下对国事的忧愁，把它留给后人。

这里水道密集，可以深入江南三千多里，它的气势非凡，战略地位足以影响江南十四州的存亡。

① 八咏楼：在宋婺州（今浙江金华一带），原名元畅楼，后据沈约为此楼写的总题为《八咏》的八首诗而更名为八咏楼，与双溪楼、极目亭同为婺州临观胜地。

② 南国：泛指中国南方广大地区。

③ 十四州：宋两浙路计辖二府十二州（平江府、镇江府，杭州、越州、湖州、婺州、明州、常州、温州、台州、处州、衢州、严州、秀州），统称十四州（府）（见《宋史·地理志》）。

中国文学史上一般将李清照归入“婉约派”，即认为其作品内容侧重儿女之情，音律婉转和谐，有一种柔婉之美。但其作品《渔家傲》和《题八咏楼》却以雄健的笔力、恢宏的气势营造了一种豪放之美。由此，你读出了一个怎样的李清照？结合词人的生平和同学交流一下吧。

古人评点李清照词

作长短句，能曲折尽人意，轻巧尖新，姿态百出。（王灼《碧鸡漫志》）

诗之典赡，无愧于古之作者。词尤婉丽，往往出人意表，近未见其比。（朱彧《萍洲可谈》）

宋人中填词，李易安亦称冠绝。使在衣冠，当与秦七、黄九争雄，不独雄于闺阁也。其词名《漱玉集》，寻之未得。《声声慢》一词，最为婉妙。……山谷所谓以故为新，以俗为雅者，易安先得之矣。（杨慎《词品》）

1. 杂诗十二首（其一）

⊙〔晋〕陶渊明

人生无根蒂，飘如陌上尘。
分散逐风转，此已非常身[①]。
落地为兄弟，何必骨肉亲！
得欢当作乐，斗酒聚比邻[②]。
盛年不重来，一日难再晨。
及时[③]当勉励，岁月不待人。

译 文

人生在世没有根蒂，飘荡如路上的尘土。生命随风飘转，此身历尽了艰难，已经不是壮年之身了。世人都应当视同兄弟，谁说只有亲生的同胞弟兄才能相亲呢？遇到高兴的事就应当作乐，有酒就要邀请近邻共饮。青春一旦过去便不可能重来，一天之中永远看不到第二次日出。应当趁年富力强之时勉励自己，因为光阴流逝，不会等人。

---

① 非常身：不是经久不变的身体，即不再是壮年之身。

② 比邻：近邻。

③ 及时：趁盛年之时。

2. 题乌江亭[①]

⊙〔唐〕杜牧

胜败兵家事不期[②]，包羞忍耻[③]是男儿。
江东子弟多才俊[④]，卷土重来[⑤]未可知。

译 文

胜败乃兵家常事，是难以预料的，能忍受失败和耻辱才是真正的男儿。江东的子弟人才济济，如果项羽当年重返江东，说不定还能卷土重来。

① 乌江亭：在今安徽和县东北的乌江浦，相传为西楚霸王项羽自刎之处。

② 不期：难以预料。

③ 包羞忍耻：意谓大丈夫能屈能伸，应有忍受屈耻的胸襟气度。

④ 才俊：才能出众的人。

⑤ 卷土重来：指失败以后，整顿以求再起。

3. 送韩十四江东觐省[①]

⊙〔唐〕杜甫

兵戈不见老莱衣[②]，叹息人间万事非。
我已无家寻弟妹，君今何处访庭闱[③]？
黄牛峡[④]静滩声转，白马江[⑤]寒树影稀。
此别应须各努力，故乡犹恐未同归。

---

① 韩十四：名不详，十四是他的排行。觐省，探亲，看望父母。

② 老莱衣：借用老莱子彩衣娱亲的典故。相传老莱子为春秋时楚国隐士，七十岁还常常穿上彩衣，模仿儿童，使双亲欢娱。

③ 庭闱：借指父母。

④ 黄牛峡：长江峡名，在今湖北宜昌西。峡下有黄牛滩。

⑤ 白马江：今名白马河，在今四川省崇州市东部。

译文

烽火四起，干戈满地，我已看不到像春秋隐士老莱子那种彩衣娱亲的人了，不由感叹人世沧桑、世事多变。

战乱不休，流落他乡的我已好久没有和弟弟妹妹联系了，也无处去寻找他们。你如今又要去哪里寻访家人呢?

我仿佛听到你途经幽静的黄牛峡时，滩上汹涌的江水发出不绝的回声，而眼前白马江畔寒风彻骨、树影稀疏。

此次一别，我们应各自努力，珍重前程，恐怕很难一起返回故乡了。

4. 武陵春

⊙〔宋〕李清照

风住尘香[①]花已尽，日晚倦梳头。物是人非[②]事事休，欲语泪先流。

闻说双溪[③]春尚好，也拟[④]泛轻舟。只恐双溪舴艋[⑤]舟，载不动许多愁。

译文

风停了，尘土里带有花的香气，花儿已凋落殆尽。日已升高，我却懒得梳妆。景物依旧，人事已变，一切事情都已经完结。想要倾诉自己的感慨，还未开口，眼泪却先流下来。

听说双溪春景尚好，我也打算泛舟前去。只恐怕双溪蚱蜢般的小船，载不动我许多的忧愁。

---

① 尘香：尘土里有落花的香气。

② 物是人非：事物依旧在，人不似往昔了。

③ 双溪：水名，在浙江金华，是唐宋时有名的游览胜地。

④ 拟：准备，打算。

⑤ 舴艋（zé měng）：小船。

5. 如梦令

⊙〔宋〕李清照

昨夜雨疏[①]风骤，浓睡不消残酒。试问卷帘人，却道海棠依旧。知否，知否？应是绿肥红瘦[②]。

译 文

昨夜雨虽然下得稀疏，风却刮得急猛，沉沉的酣睡却不能把残存的酒力全部消尽。问那正在卷帘的侍女：庭园里海棠花现在怎么样了？她说海棠花依然和昨天一样。你可知道，你可知道，这个时节应该是绿叶繁茂，红花凋零了。

① 疏：指稀疏。

② 绿肥红瘦：绿叶繁茂，红花凋零。

6. 陶公祠的菊花

⊙陈所巨

江水是菊黄色的，那江水里流动着的莫不真是晋朝的菊花？

已经不是菊花季节，陶公祠院中那两厢曾经盛开的菊花都已败萎了，只偶尔还露出残存的黄色。祠在江边，就在这段被称为“菊江”的长江边。这地方真个与菊有缘，有“菊江”“菊邑”，还有个乡叫“黄菊乡”。我依然走在菊花黄的意韵之中，初冬那菊黄色的阳光和身边那座被菊黄色历史装帧的古建筑，以及存在于胸臆之中的菊花般的品格，和风中飘荡的大朵大朵菊花般的幻想，都让我陶然如醉。

陶渊明，曾在这里种菊，种出了一大片他认为应该存传后世的文人们的自珍和清高之气。我知道他其实很想做官，少时就有猛志：“少时壮且厉，抚剑独行游。谁言行游近，张掖到幽州。”而且，他也做官，只是受不了官场那种腐气，那般骄奢淫逸。他的腰椎骨似乎很硬，不愿为五斗米而弯。他就把大印挂在彭泽县的大堂上，然后走出来，走到风和阳光之中，走到那片贫寒却诚实的土地之上。他耕种的姿势或许可笑，腰弓着，整个上身几乎与土地平行。人们并不知道，他是一边耕种，一边在泥土中寻他的诗句。

陶公祠中有一尊陶公像，高丈余，乌石所镌，给人一股子凛凛不可侵犯的傲然之气。真正的陶渊明当然不会是这个样子，他后来穷得没饭吃，没酒喝，甚至乞讨过，哪能有如此威风？但我懂得塑者的匠心：他并不只是雕塑东晋的那个人，而是塑他冷傲的气质。仰望陶公塑像，几分崇敬，几缕亲近。他似乎有话要说，却是欲说还休。快1600年了，他要说的话，都变成大朵大朵的菊花了吧？

在史书上，他所在的那个时代，官场腐败，社会奢靡，石崇、王恺斗富，让侈浊之风登峰造极。陶公就只好种些菊花，很想让菊花的清气影响一下他厌恶至极的世风，然而菊花太小，那一星半点清菊之气又怎能荡涤一个奢腐王朝的浊臭呢？出乎陶公意料的是，那菊花的清气后来却影响了中国的文学史！

苏东坡曰："渊明诗初视若散缓，熟视有奇趣。如曰：'暧暧远人村，依依墟里烟。狗吠深巷中，鸡鸣桑树颠。'又曰：'采菊东篱下，悠然见南山。'大率才高意远，则所寓得其妙，遂能如此。如大匠运斤，无斧凿痕。"东坡大抵是闻过陶渊明的菊花味的，不仅闻过，而且深深地闻过。这种味儿辛弃疾也闻过，他在《水龙吟》中言："须信此翁未死，到如今凛然生气。

吾侪[1]心事，古今长在，高山流水。”陶公或真未死，若真未死，当在菊花之间，以一种清傲之气面对滔滔菊江和无期无尽的岁月。

祠不大，却修葺得很好，在江边一块高地上。祠后有塔，曰“秀峰塔”，另有一塔在不远处，叫“天然塔”，被称为“江流双塔”。祠与塔构成了一种沉重而冷肃的气氛，在江边，在永远盛开的菊花之中。

陶公安在？问菊，菊却隐去了笑容，独向寒风。

先秦天人之辩

先秦“天人之辩”集中地反映了人们对思维和存在关系的看法，形成了先秦哲学的一大特色。所谓“天人之辩”，是指关于天与人、天道与人道、自然与人之间关系的辩论。商周时期，人们把天看作至高无上的神；春秋战国时期，“天人之辩”得到广泛深入的展开。儒家创始人孔子曾对鬼神产生怀疑；道家代表老子主张道法自然；孟子则片面夸大理性的功能和作用，以为通过思维能“知天”。

先秦哲学家们对天人关系问题的思考，都涉及思维与存在的关系的问题，反映了中国古人对思维和存在关系问题的思考。

① 吾侪（chái）：吾辈。侪，同辈，同类的人。

7. 人间要好诗

⊙冯　至

今年的春节风和日暖，万里无云，远远近近是一片欢腾的声音，我在明净的窗前阅读杜甫诗集，随时都想到白居易《读李杜诗集因题卷后》一诗中最后的两句："天意君须会，人间要好诗。"这两句诗使我感到有双重的深远意义：我们这丰富而伟大的时代，人民进行着旷古未有的斗争和建设，需要有好诗来歌颂和反映；作为后代的人，回顾过去的历史，我们也需要通过不嫌其多的好诗把它认识得更清楚、更生动。关于前者，当代的诗人要互相勉励，做更多的努力；关于后者，古人的确给我们留下了大量优秀的诗篇，把过去人民的现实生活和精神世界描绘得有声有色，像《诗经》和汉魏乐府，像屈原和陶潜、李白和杜甫等人的著作，是多么使我们自豪。

因此我在读杜甫诗的时候，对于杜甫的一些不朽的诗篇，以及其中许多的"清词丽句"就更为爱惜了。杜甫的诗的内容无论是它的广泛性或是它的深刻性都超过了杜甫以前的和与他同时代的诗人的作品。杜甫的诗的价值，世人早有定评，这里不想多说。我只想谈一谈杜甫诗里常常使人感到的一种乐观的精神。

杜甫的时代是从“开元全盛日”转变为“战伐乾坤破，疮痍府库贫”“路衢唯见哭，城市不闻歌”的时代。杜甫的一生是从“放荡齐赵间，裘马颇清狂”转变为贫病交加、流离道路的一生。杜甫写他的时代和他自己的生活都是蘸满血泪，沉郁悲哀，但是读者读了他的诗，并不因而情绪低沉，反倒常常精神焕发，意气高昂。这是什么缘故呢？主要是他那百折不回的乐观精神在字里行间感染着读者。

例如公元 759 年，是杜甫一生中最困苦的一年。前半年他仆仆于“园庐但蒿藜”的洛阳道上，后半年他跋涉在艰险崎岖的陇蜀途中。有名的“三吏”“三别”和《秦州杂诗》，以及由陇入蜀的纪行诗都是这一年内完成的。这些诗无论是写民间的疾苦，或是个人的灾难，兀立读者面前的诗人的形象可以用《秦州杂诗》中两句咏马的诗来形容——“哀鸣思战斗，迥立向苍苍”。同时他也越来越清楚地意识到“世人共卤莽，吾道属艰难”，因此他就百折不回地担负起这个“艰难”。在同谷县[①]时，他穷困到了极点，每天在山谷里拾橡栗充饥，把一柄挖掘黄精的长镵[②]托以为命，但是这时他写的《乾元中寓居同谷县作歌七首》把残酷的现实和丰富的想象结合在一起，他引吭高

① 同谷县：今甘肃康县。

② 镵（chán）：古代一种铁制的刨土工具。

唱，不管唱得多么凄凉，他也不放弃希望，唱到第六首歌时，竟唱出“溪壑为我回春姿”。

杜甫一生关怀国运，蒿目[①]民艰，可是他实际的政治生活却非常短促，虽然如此，他那“穷年忧黎元”的热诚并没有丝毫退减过。他也说过“安危大臣在，不必泪长流”，这不过是一时的解嘲，实际上他那忧国忧民的泪是一直流到他死亡的前夕。他从不消极退缩，他无时无刻不希望有一天政治能够清明，人民的生活能够改善，他锲而不舍，一再地写出像“不眠忧战伐，无力正乾坤”那类的诗句。他不但自己是这样，他对于有职位的朋友也常常勉励说，“临危莫爱身”“早据要路思捐躯”。

但是他的胸襟并不因为这种锲而不舍的执着态度变得忧郁狭窄，而永远是阔大开朗的。他广阔的胸怀往往通过自然界的壮丽景色表达出来。像《登岳阳楼》这首有名的诗，“亲朋无一字，老病有孤舟。戎马关山北，凭轩涕泗流”，写的是诗人的处境，是客观存在。可是在这四句的前边他写出“昔闻洞庭水，今上岳阳楼。吴楚东南坼，乾坤日夜浮”。这当然也是客观存在，但作者首先要有一个广阔的胸怀，才能把洞庭湖的气象写得如此浩大。同样情形，当他感慨于“名岂文章著，官应老病休”时，他的面前是“星垂平野阔，月涌大江流”；当他叹息“万里悲秋常作客，百年多病独登台”时，他的面前是“无边落木萧萧下，不尽长江滚滚来”；当他想到“野哭千家闻战伐”时，

① 蒿（hāo）目：本指远望，此处意为忧虑。

他听到和看到的是“五更鼓角声悲壮，三峡星河影动摇”。这是诗人面前的风景，同时也是诗人的心境。又如“日月笼中鸟，乾坤水上萍”，“笼中鸟”和“水上萍”是在现实社会中所过的局促的生活，“日月”和“乾坤”是无边的宇宙，作者若是没有阔大的胸襟，“笼中鸟”和“日月”、“水上萍”和“乾坤”是不可能连缀在一起的。这绝不只是“本是形容凄凉之意，乃翻作壮丽之语”的一种修辞学上的艺术手法。杜甫有了广阔的胸襟，才能用这样壮丽的景色来衬托他所写的时代的艰辛和个人的不幸。这是杜诗里的一个特点，所以他的诗尽管悲哀沉痛，可是读者在深受感动的同时，并不意气消沉，而反倒兴起昂扬振奋之感。

另一方面，杜甫对于自然界优美的景物也善于体贴入微，对它们怀有衷心的热爱。流露这类感情的诗多半是在他生活比较安定的时期写的，但是它们和一般消极的田园诗或山水诗不同，这里也体现出作者深刻的乐观主义精神。尤其是因为他一生中比较安定的时期非常短暂，而他竟能写出不少这样的诗篇，也就使人觉得更为可贵。《春夜喜雨》的“随风潜入夜，润物细无声”把春夜小雨写得多么细致入神，末两句的“晓看红湿处，花重锦官城”把诗人所感到的欢喜写得又多么具体而美丽。再看他重游新津县修觉寺时写的《后游》的前四句“寺忆曾游处，桥怜再渡时。江山如有待，花柳更无私”，个人的心情和面前的景物到了互相融洽、两无间隔的境地。江山有待，花柳无私，是自然界的实际，更多的是诗人自己的胸怀。杜甫半生漂泊，虽然也常有日暮途远、人事萧条之感，但他也体会到“远水非无浪，他山自有春”这个自然界无往而不可爱的真理。至于“细雨鱼儿出，微风燕子斜”“鹅儿黄似酒，对酒爱新鹅”，则说明这位五十多岁久经患难的诗人，心里对于弱小的生物保持着多么深厚的爱怜。

杜甫在旧日的封建时代度过了他的悲剧的一生。无论在怎样艰苦的情况下，他都不曾被社会上的恶势力和自己的贫病所压倒，他也不曾采取任何一种方式逃避现实，这是由于他具有深刻的乐观精神。这种乐观精神是从他经历的国家的灾难、人民的疾苦和个人的悲剧里锻炼出来的，痛苦越深，爱国爱民的感情也就更为深切，写诗也更为努力。正是这个缘故，他才创作了许多传诵千古的好诗，成为影响无数后代的诗人，赢得了广大人民的敬爱。

8. 从杜牧二首七绝看唐诗的境界

⊙严广云

唐诗的艺术境界，几乎可以用一句话来概括——诗中有画，画中有意，意中有情。唐代诗人通过对手中材料（意象、事象、物象等）的精心组合，使之弥漫出各种各样的情感，从而将境界层层升华，令读者沉浸其中，流连忘返。

例如杜牧的《寄扬州韩绰判官》：

青山隐隐水迢迢，秋尽江南草未凋。

二十四桥明月夜，玉人何处教吹箫。

通过这首诗，我们就会“看到”：一个深秋的夜晚，扬州城外的青山流水，在明朗澄澈的月光下呈现出一片朦胧的景象。而那二十四桥上，空气里传来了隐隐约约的箫声。

又如《秋夕》：

银烛秋光冷画屏，轻罗小扇扑流萤。

天阶夜色凉如水，坐看牵牛织女星。

同样是秋天，同样是夜晚，但我们所“看到”的是另一幅画面：闭锁的皇宫大院内，银色蜡烛的微光映射在室内的屏风上，透出一丝丝凄冷。镜头转向一个宫女，她正在用扇子去扑逐飞舞的萤火虫。这时夜已深了，月光幽幽地铺洒在宫中空荡荡的台阶上，宫女睡不着，坐在石阶上落寞地看着天上的牵牛星和织女星。

读罢这两首诗，大家是否觉得像是在看一个个电影的画面呢？但这只是对意（事、物）象的描写所产生的直观印象。除此之外，我们还能很清楚地感觉到，有一种情绪在弥漫、在流动。这是因为作者特意的选择、组合，使各种相对独立的事物之间产生了联系，构成了一个完整的空间。在这个完整的空间里，这些场景使读者产生了相关联想。

例如，在第一首诗中，尽管没有写到具体的人（玉人是画面外的想象而已），但是通过对箫声的描写，读者马上就会联想到人的行为。第二首诗中的一扑一坐也是如此。这就是人们常说的读者的二次创作。

正是通过对特定事物的描写，作者将自己的情绪融入景物中。比如，“玉人何处教吹箫”就蕴含着诗人对友人的思念之情。而“卧看牵牛织女星”则隐含着宫女们的寂寞与惆怅。再回过头来看那“冷”“凉”，就更耐人寻味了。

这就是司空图所说的“象外之象”“景外之景”。前一个“象”“景”指的是诗中所直接呈现的具体而生动的意象、情景和场景，而后一个“象”“景”则是由前者引起想象而产生的一大片广阔、完整的虚幻空间。

换句话说，不管是“青山”“明月”还是“银烛”“画屏”，当它们被描绘出来的最初时刻，它们原来是什么，那一刻就是什么。可当这些事（景）物一起组成了一个完整画面时，它就会产生一种新的空间。就像水泥、砂石、钢筋、砖头一样，当它们还相对独立的时候，并不出奇，但它们组合在一起建成楼房后，就会带给我们一种全新的感觉。水泥、砂石等是第一重空间，成为房子之后则为第二重空间。好的诗人就像是好的工匠，善于选择材料，加工材料，使之变成一幢幢风格不一的“房子”。

有了这些“房子”，读者才得以融入诗人所创造的艺术世界中，触及诗人的灵魂，从而产生共鸣。

9. 乱世中的美神（节选）

⊙梁　衡

李清照是因为那首著名的《声声慢》被人们所记住的。那是一种凄冷的美，特别是那句“寻寻觅觅，冷冷清清，凄凄惨惨戚戚”，简直成了她个人的专有品牌，彪炳于文学史，空前绝后，没有任何人敢于企及。于是，她便被当作了愁的化身。当我们穿过历史的尘烟咀嚼她的愁情时，才发现在中国的古代文学史中，特立独行、登峰造极的女性也就只有她一人。而对她的解读又“怎一个愁字了得”。

其实李清照在写这首词前，曾经有过太多太多的快乐。

李清照于宋神宗元丰七年（1084）出生于一个官宦人家。父亲李格非进士出身，在朝为官，地位并不算低，是学者兼文学家，又是苏东坡的学生。母亲也是名门闺秀，善文学。这样的出身，在当时对一个女子来说是很可贵的。官宦门第及政治活动的濡染，使她视界开阔，气质高贵。而文学艺术的熏陶，又让她能更深切细微地感知生活，体验美感。因为不可能有当时的照片传世，我们现在无从知道她的相貌。但据这出身的推测，再参考她的诗词所流露的神韵，她该天生就是一个美人坯子。李清照几乎从一懂事，就开始接受中国传统文化的审美训练。又几乎是同时，她一边创作，一边评判他人，研究文艺理论。她不但会享受美，还能驾驭美，一下就跃上一个很高的起点，而这时她还是一个待字闺中的少女。

请看下面这三首词：

【浣溪沙】绣面芙蓉一笑开，斜飞宝鸭衬香腮。眼波才动被人猜。　　一面风情深有韵，半笺娇恨寄幽怀。月移花影约重来。（宝鸭，发型。）

【浣溪沙】淡荡春光寒食天，玉炉沉水袅残烟。梦回山枕隐花钿。　　海燕未来人斗草，江梅已过柳生绵。黄昏疏雨湿秋千。（沉水，香名。斗草，一种游戏。）

【点绛唇】蹴罢秋千，起来慵整纤纤手。露浓花瘦，薄汗轻衣透。　　见客入来，袜刬金钗溜。和羞走。倚门回首，却把青梅嗅。（袜刬，不穿鞋。）

一个天真无邪的少女，秀发香腮，面如花玉，情窦初开，春心萌动，难以按捺。她躺在闺房中，或者傻傻地看着沉香袅袅，或者起身写一封情书，然后又到后园里去与女伴斗一会儿草。

官宦人家的千金小姐，享受着舒适的生活，并能得到一定的文化教育，这在封建社会中并不奇怪。令人惊奇的是，李清照并没有按常规初识文字，娴熟针绣，然后就等待出嫁。她饱览了父亲的所有藏书，文化的汁液将她浇灌得不但外美如花，而且内秀如竹。她在驾驭诗词格律方面已经如斗草、荡秋千般随意自如。而品评史实人物，却胸无块垒，大气如虹。

安史之乱及其被平定是中国历史上的一个大事件，后人多有评论。唐代诗人元结作有著名的《大唐中兴颂》，并请大书法家颜真卿书刻于壁，被称为双绝。与李清照同时的张文潜，是“苏门四学士”之一，诗名已盛，也算个大人物，曾就这道碑写了一首诗，感叹：“天遣二子传将来，高山十丈摩苍崖。谁持此碑入我室，使我一见昏眸开。”这诗转闺阁，入绣户，传到李清照的耳朵里，她随即和一首道：“五十年功如电扫，华清花柳咸阳草。五坊供奉斗鸡儿，酒肉堆中不知老。胡兵忽自天上来，逆胡亦是奸雄才。勤政楼前走胡马，珠翠踏尽香尘埃。何为出战辄披靡，传置荔枝多马死。尧功舜德本如天，安用区区纪文字。著碑铭德真陋哉，乃令神鬼磨山崖。”你看这诗的气势哪像是出自一个闺中女子之手。铺叙场面，品评功过，慨叹世事，不让浪漫豪放派的李白、辛弃疾。李父格非初见此诗不觉一惊。这诗传到外面更是引起文人堆里好一阵躁动。李家有女初长成，笔走龙蛇起雷声。少女李清照静静地享受着娇宠和才气编织的美丽光环。

当李清照满载着闺中少女所能得到的一切幸福，步入爱河时，她的美好人生又更上一层楼，为我们留下了一部爱情经典。她的爱情不像西方的罗密欧与朱丽叶，也不像东方的梁山伯与祝英台，不是那种经历千难万阻，要死要活之后才享受到的甜蜜，而是起步甚高，一开始就跌在蜜罐里，就站在山顶上，就住进了水晶宫里。夫婿赵明诚是一位翩翩少年，两人又是文学知己，情投意合。赵明诚的父亲也在朝为官，两家门当户对。更难得的是他们二人除一般文人诗词琴棋的雅兴外，还有更相投的事业结合点——金石研究。在不准自由恋爱，要靠媒妁之言、父母之意的封建时代，他俩能有这样的爱情结局，真是天赐良缘，百里挑一了。就像陆游的《钗头凤》为我们留下爱的悲伤一样，李清照为我们留下了爱情的另一端——爱的甜美。这个爱情故事，经李清照妙笔的深情润色，成了中国人千余年来的精神享受。

请看这首《减字木兰花》：

卖花担上，买得一枝春欲放。泪染轻匀，犹带彤霞晓露痕。怕郎猜道，奴面不如花面好。云鬓斜簪，徒要教郎比并看。

这是婚后的甜蜜，是对丈夫的撒娇。从中也透出她对自己美丽的自信。

再看这首送别之作《一剪梅》：

红藕香残玉簟秋。轻解罗裳，独上兰舟。云中谁寄锦书来？雁字回时，月满西楼。　　花自飘零水自流，一种相思，两处闲愁。此情无计可消除，才下眉头，却上心头。

离愁别绪，难舍难分，爱之愈深，思之愈切，另是一种甜蜜的偷偷的咀嚼。更重要的是，李清照绝不是一般的只会叹息几句“贱妾守空房”的小妇人，她在空房里修炼着文学，直将这门艺术练得炉火纯青，于是这种最普通的爱情表达竟变成了夫妻间的命题创作比赛，成了他们向艺术高峰攀登的记录。

请看这首《醉花阴》：

> 薄雾浓云愁永昼，瑞脑消金兽。佳节又重阳，玉枕纱厨，半夜凉初透。　　东篱把酒黄昏后，有暗香盈袖。莫道不消魂，帘卷西风，人比黄花瘦。

这是赵明诚在外地时，李清照寄给他的一首相思词。彻骨的爱恋，痴痴的思念，借秋风黄花表现得淋漓尽致。史载赵明诚收到这首词后，先为这情所感，后更为词的艺术力所激，发誓要写一首超过妻子的词。他闭门谢客，三日得词五十首，将李词杂于其间，请友人评点，不料友人说只有三句最好："莫道不消魂，帘卷西风，人比黄花瘦。"赵自叹不如。这个故事流传极广，可想他们夫妻二人是怎样在相互爱慕中享受着琴瑟相和的甜蜜。这也令后世一切有才有貌却得不到相应质量爱情的男女感到一丝的悲凉。李清照自己在《金石录后序》里追忆那段生活时说："余性偶强记，每饭罢，坐归来堂。烹茶，指堆积书史，言某事在某书某卷，第几页第几行，以中否胜负，为饮茶先后。中，即举杯大笑，至茶倾覆怀中，反不得饮而起。"这是何等的幸福，何等的欢乐，怎一个"甜"字了得。这蜜一样的生活，滋养着她绰约的风姿和旺盛的艺术创造。

但上天早就发现了李清照更博大的艺术才华。如果只让她这样去轻松地写一点儿闺怨闲愁，中国历史、文学史将会从她的身边白白走过。

宋王朝经过 167 年“清明上河图”式的和平繁荣之后，天降煞星，北方崛起了一个游牧民族。金人一锤砸烂了都城汴京（开封）的琼楼玉苑，还掠走了徽、钦二帝，赵宋王朝于公元 1127 年匆匆南逃。李清照在山东青州的爱巢也树倒窝散，一家人开始过漂泊无定的生活。南渡第二年，赵明诚被任为江宁知府，不想就在这时发生了一件国耻又蒙家羞的事。一天深夜，城里发生叛乱，身为地方长官的赵明诚不是身先士卒指挥戡乱，而是偷偷用绳子缒城逃走。事定之后，他被朝廷撤职。李清照这个柔弱女子，在这件事上却表现出大节大义，很为丈夫临阵脱逃而羞愧。赵被撤职后夫妇二人继续沿长江而上向江西方向流亡，一路难免有点别扭，略失往昔的鱼水之和。当行至乌江镇时，李清照得知这就是当年项羽兵败自刎之处，不觉心潮起伏，面对浩浩江面，吟下了这首千古绝唱：

生当作人杰，死亦为鬼雄。至今思项羽，不肯过江东。

丈夫在其身后听着这一字一句的金石之声，面有愧色，心中泛起深深的自责。同年（1129）赵明诚被召回京复职，但随即急病而亡。

单元学习任务

任务一

古语云，文如其人。陶渊明作品的清逸质朴，杜甫作品的沉郁顿挫，李贺作品的奇诡冷艳，杜牧作品的俊爽明丽，李清照作品的凄婉清丽，在本单元的古诗词中都有体现。同学们，这些古诗词，你更喜欢哪一首呢？你是否从中看出了带有作者鲜明色彩的诗词之风呢？请围绕这一点写下自己的独特感受吧！

任务二

班级要举行以“徜徉在诗的原野”为主题的古诗词朗诵比赛，要求你从本单元的古诗词作品中任选一首参赛，你会选哪一首呢？你又会为所选作品配上怎样的背景音乐呢？请反复诵读本单元所选的古诗词作品，并多渠道搜集相关资料，以进一步加深对古诗词的理解，全力备战班级古诗词朗诵比赛吧！

任务三

“诗词唱经典，中国正流行”，《经典咏流传》作为中央电视台新时代文化节目的创新之作，以“和诗以歌”的形式将古诗词和部分近代诗词与现代流行音乐相融合，表现诗词之美。请同学们小组合作，也用“和诗以歌”的形式，演绎自己喜欢的经典诗词，并在全班进行展示吧！

表达要得体

每个人都是社会中的一分子，只有融入社会，与人交往，才能感受到世界的美好。交往离不开自如流畅的表达，而表达除了口头表达之外，还有书面形式的表达，有时是表示感谢，有时是发出邀请，有时还要提出倡议。出于任何目的的表达都需要“得体”，所谓“表达得体”，是指根据交际的语境使用语言，也就是根据交际的外部语境（各种情境条件）和内部语境（上下文），选用恰当的语句来表情达意。通俗地讲，“表达得体”就是根据需要说相应的话。倡议书、感谢信、邀请函等实用性文体，均要求表达得体。

得体地表达，需要我们努力做到以下几点：

（一）看准对象，掌握分寸；

（二）分清场合，巧妙用语；

（三）注重语体，符合要求；

（四）明确目的，有的放矢；

（五）注意遣词，谦敬得当。

1. 爱校如爱家

——爱护校园卫生倡议书

⊙陈祥卫

亲爱的同学们：

> 本倡议书以班级名义发起，面向全校学生，用语亲切自然，表达得体。

> 开篇就介绍倡议书的背景和目的，明确主题是“爱校如爱家”，讲究分寸，情真意切。

我们的学校绿树成荫、鸟语花香；我们的教室窗明几净、温馨轩敞。在这样的环境中读书成长，我们感到心旷神怡、神清气爽。然而，近期一些不和谐的现象在校园里出现了：有的同学向窗外抛物，有的同学随地吐痰，有的同学乱折花木……出现这些现象，我们怎能不心痛？学校就是我们的家，我们应该精心呵护它。为了创建更加美丽整洁的校园，在此，我们特向全体同学发出如下“爱校如爱家”的倡议：

> 分条罗列，目的明确，表达得体，亲切自然。

1. 在校园内不仅不乱扔垃圾，还要自觉捡拾地上的垃圾，你小小的举动，展示的是大大的境界；

2. 不要从教室往窗外抛物，多走几步路，就可以把垃圾扔到教室内的垃圾桶里，这是多么简单的事；

3. 爱护教室环境，自觉维护教室的清洁卫生，不在教室内吃饭，主动清理抽屉里的垃圾，做好值日生工作；

4. 爱护公物，不在墙壁、门窗、课桌凳、黑板上乱写乱画。

学校是我们成长的摇篮，爱护校园卫生同样也是我们的责任。就让我们立即行动起来，自觉增强环境保护意识，做校园环境的小卫士。你带走的是垃圾，留下的是整洁。你扔下的是废纸，捡起的却是高贵。校园卫生的维护要靠你，要靠我，要靠大家共同努力！

篇末强调了“爱护校园卫生”的重要性。呼吁并倡议所有人共同努力，点明中心，很有感召力。

行动起来吧，同学们！

育英中学团委

2018 年 10 月 19 日

署名，标注日期。

2. 初中生广泛阅读倡议书

⊙张家榕

亲爱的同学们：

进入初中，你们是不是觉得压力越来越大，越来越没有时间读书？而我要说的恰好是：因为时间越来越紧，压力越来越大，所以我们更要广泛阅读。

为什么这样说呢？我想从我自己的经历说起。

八月底出生的我成了班里最小的成员。刚进入小学时，我读书很吃力，测试成绩一度徘徊在及格线。但是我的爸爸妈妈从来没有因为成绩一事给我压力，反而给我订阅了多种杂志。他们观察我的喜好，给我调整着杂志的品种：人文、科学、历史、地理……那段时间，我最兴奋的事情就是父母能带回新一期的刊物，我如饥似渴地阅读着，被刊物中的知识吸引着。后来我心境和视野都有了很大的变化，成绩也比较优秀了。用我妈妈的观点来阐释这个进步就是：因为我头脑中有了各种知识的储备，所以再学习课本中的类似知识就容易多了。所以我说，时间越紧，越是要广泛阅读，因为阅读可以打好知识的基础，打好学习的底色，建构更广阔的知识体系。

再说说广泛阅读对培养良好心态的好处吧。

我的心理素质不是很好，有时候会因为生活、学习中的各种不顺而烦恼，也会因为考试前的压力而倍感焦虑，当烦恼和焦虑无法排遣时，是书拯救了我。例如《写给儿童的中国历史》丛书前言里写着这样的话："这样读历史，除了'痛快'之外，还会打开你的胸怀。'打开胸怀'的意思就是，不再为眼前小事烦恼……不再因为考试答错了题而懊恼不已，反而因为看多了朝代的'成绩单'，知道兴衰成败不在一时。"想想读过的那些历史故事和这样的句子，我就可以心平气和地继续努力。正如作者说的那样，有着广泛阅读经历的人，无论他在生活中遇到什么难题，心中常常会想起某一位古代"老朋友"的现身说法，帮助他思索、化解难题，"他不再觉得自己是一座'无助的孤岛'，因为他认识了许多'有经验的老前辈'"。面对压力，有着广泛阅读经历的人可以站位高远，俯瞰当前，用更积极的心态面对眼前的一切。

所以，作为一个广泛阅读的受益者，我向大家发出倡议：

1. 给自己制订一个阅读计划，例如每周读两本喜欢的杂志、每个月读一本名著等，并严格执行。

2. 和同学组成读书小组，互相监督，互相鼓励。

3. 在班级内定期组织读书会，同学们交流读书心得，把思考引向深入。

4. 在每个班级里建立读书角，每位同学捐献一本杂志或图书，并定期举行“我读过的好书”展示活动。

总之，让我们多读书、读好书、读包罗万象的好书，让阅读成为生活常态、学习常态，让阅读带我们走进更广阔的世界，带给我们更宽广的胸怀、更平和的心态以及更幸福的未来。

实验中学八年级二十四班

2021 年 3 月 12 日

中学国文学习法

学习文言，必须熟读若干篇。勉强记住不算熟，要能自己成诵才行。因为文言是另一种语言，不是现代口头运用的语言，文言的法则固然可以从分析比较而理解，可是要养成熟极如流的看文言的习惯，非先熟读若干篇文言不可。

阅读当然越快越好，可以经济时间，但是得以了解为先决条件。胡里胡涂读得快，不如通体了解而读得慢。练习的步骤该是先求其无不了解，然后求其尽量地快。出声读须运动口腔喉舌，总比默读仅用“目治”来得慢些。为阅读多数书籍报刊的便利起见，该多多练习“目治”。

——叶圣陶

3. 感谢信

⊙孙浩翔

敬爱的王老师：

您好！非常感谢您昨天来我校做关于青春期心理健康的讲座。您和蔼的态度、亲切的笑容、循循善诱的引导，给我们留下了深刻的印象。特别是您用生动的事例对我们在青春期容易出现的心理问题做了透彻的剖析，说出了很多压在我们心底的烦恼。另外，您提出的建议让我们豁然开朗，明白了要以勇敢的态度面对现实问题，用合适的方法解决心理困扰。您就像一盏明灯照亮了我们的内心，又像一位知心姐姐让我们感受到了春天般的温暖，这让我们又感动又钦佩。

我们听完讲座，意犹未尽，恳请您能继续在我校开设系列讲座。我们会无比期待，感激不尽！

此致

敬礼

济微中学学生会

2020 年 11 月 20 日

4. 邀请函

⊙陈俊希

尊敬的老师，亲爱的同学们：

“让阅读像呼吸一样自然”是我校读书活动的口号，激励着每一位同学热爱读书，于是学校里涌现出一大批读书爱好者。为了展示同学们的读书成果，鼓励更多的同学多读书、读好书，学校将于4月12日15点在6楼报告厅举办第五届“读书达人秀”暨“语文之星”竞赛活动，诚挚邀请您参加此次活动。

期待您的光临！

倾听文学社

2021年4月7日

中国精神

曾经，“我以我血荐轩辕”，在中华民族生死存亡的岁月里，无数中华儿女浴血奋战，彰显了以爱国主义为核心的民族精神。

而今，我们自强不息，厚德载物，在中华民族伟大复兴的进程中，众多先锋楷模勇担重任，践行着以改革创新为核心的时代精神。

由此而焕发出的凝聚力和感召力，铸成不折不挠、勇往直前的中国精神，生生不息、薪火相传。

伟大的中国精神必将引领我们实现中华民族的伟大复兴！

1. 本命年的回想

⊙刘绍棠

关键词：乡土风味　红火　庄严

春雨惊春清谷天，夏满芒夏暑相连。秋处露秋寒霜降，冬雪雪冬小大寒。村风乡俗中，四时二十四节色彩缤纷，而最有鲜明地方特色和浓郁乡土风味的，却是二十四节之外的春节。

春节是现在通行的官称，我却跟我的运河乡亲父老一般，守旧地尊称为“过年”，或曰“大年”。

想当年，我小的时候，家乡的大年从腊月初一就开始预热，一天比一天增温，一天比一天红火，发烧直到年根下。

腊月初一晚上，家家炒花生、炒瓜子、炒玉米花儿；炒完一锅又一锅，一捆捆柴火捅进灶膛里，土炕烫得能烙饼。玉米粒儿在拌着热沙子的铁锅里毕剥毕剥响；我奶奶手拿着锅铲，口中念念有词：“腊月初一蹦一蹦，孩子大人不得病。”花生、瓜子、玉米花儿炒熟了，装在簸箕里，到院里晾脆，然后端进屋来，一家人团团围坐，大吃大嚼。吃得我食火上升，口舌生疮，只得喝烧煳了的锅巴泡出的化食汤。

化食汤清净了胃口，烂嘴角的食火消退，又该吃腊八粥了。小米、玉米糁儿、红豆、红薯、红枣、栗子熬成的腊八粥，占全了色、味、香，盛在碗里令人赏心悦目，舍不得吃。可是吃起来却又没有个够，不愿放下筷子。

喝过腊八粥，年味儿更浓重。卖糖葫芦的小贩穿梭来往，竹筒里抽签子，中了彩赢得的糖葫芦吃着最甜。卖挂落枣儿的涿州小贩，把剔核晒干的老虎眼枣儿串成一圈，套在脖子上转着吃。卖糖瓜和关东糖的小贩，吆喝叫卖，此起彼伏，自卖自夸。还有肩扛着谷草把子卖绒花的小贩，谷草把子上插满五颜六色的绒花，走街串巷，大姑娘小媳妇把他们叫到门口，站在门槛里挑选花朵。上年纪的老太太，过年也要买一朵红绒花插在小疙瘩鬏[①]上。村南村北、村东村西，一片杀猪宰羊的哀鸣。站鸡笼子里，喂养了一个月的肥鸡，就要被开刀问斩。家家都忙着蒸馒头和年糕，穷门小户也要蒸出几天的豆馅团子。天井的缸盖和筛子上冻豆腐，窗沿上冻柿子，还要渍酸菜。妇女们忙得脚丫子朝天，男人们却蹲篱笆根晒太阳，说闲话儿。

腊月二十三过小年，香烛纸马送灶王爷上天。最好玩儿的是把灶王爷的神像揭下来，火化之前，从糖瓜上抠下几块糖粘儿，抹在灶王爷的嘴唇上，叮嘱他上天言好事，下界才能保平安。

---

① 鬏（jiū）：头发盘成的结。

灶王爷走了，门神爷也换岗了，便在影壁后面竖起天地杆儿，悬挂着一盏灯笼和在寒风中哗啦啦响的秫秸棒儿，天地杆上贴一张红纸："姜太公在此"。邪魔鬼祟就不敢登门骚扰了。

腊月三十的除夕之夜，欢乐而又庄严。阖家团聚包饺子，谁吃到包着制钱的饺子最有福，一年走红运。院子里铺着芝麻秸儿，小丫头儿不许出屋，小小子儿虽然允许走动，却不能在外边大小便，免得冲撞了神明。不管多么困乏，也不许睡觉；大人给孩子们说笑话，猜谜语，讲故事，这叫守岁。等到打更的人敲起梆子，梆声中才能锅里下饺子，院子里放鞭炮，门框上贴对联。小孩子们在饺子上锅之前，纷纷给老人们磕辞岁头，老人要赏压岁钱。男孩子可以外出，踩着芝麻秸到亲支近脉的本家各户，压岁钱装满了荷包。

天麻麻亮，左邻右舍拜年的人已经敲门。开门相见，七嘴八舌地嚷嚷着："恭喜，恭喜！""同喜，同喜！"我平时串百家门，正月初一要给百家拜年。出左邻入右舍，走东家串西家，村南村北各门各户拜了个遍，这时我才觉得得到了公认，我又长了一岁。

今年岁逢丙子，是我的本命年，六十"高龄"回忆往事，颇有返老还童之感。

2. 唱着生活的男孩

⊙吴 琼

关键词：从容 自信 感动

电视台记者长毛是在那个冬日的下午看到那个唱着生活的男孩的。男孩坐在特制的轮椅上，一只小儿麻痹后遗症的脚耷拉在地上。男孩穿着一身深蓝色的制服，头上是一顶同样深蓝色的阔檐帽。男孩的另一条腿和音箱被一块蓝色的布幔遮挡住了，音箱上面就是男孩讨生活的电子琴。猛一看男孩头戴的麦克风和男孩脸上从容、自信的表情，你看到的仿佛不是在大街上唱着讨生活的人，而是有一定台风的歌唱家哩。

长毛就是被男孩脸上自信的表情、灿烂的笑容震惊了。震惊了的长毛就打开了他随身携带的数码相机，抓拍了好几张男孩醉心歌唱的特写。最让长毛感动的是，男孩自己根本动不了，轮椅是要人推着才能动的，而那个在男孩身后推着轮椅的人应该是男孩的母亲吧，朴素的家做袄上套一件很俗气的大花罩衣，领口处的扣子也没有扣上，露出里面粉红色的内衣。蓬乱的头发下是一张饱经风霜的脸，母亲的脸上永远是一副麻木的表情。也许是生活的重负太沉重了，母亲的心已经宠辱不惊了。但，只有母亲的爱才是孩子永远的支柱啊。

男孩的脸上没有乞求，也没有惯常讨生活人的可怜相，他就是用心在唱，用全部的感情在唱。街道两边门市部的人快步走到男孩面前，在他的电子琴上放上五元、两元。男孩说："谢谢、谢谢老板！祝您生意兴隆！"路上的行人也驻了足，脸上都是欣赏的表情。一个小姑娘和一个老太太从身上掏出一块、两块钱给男孩送去，男孩点头，说："谢谢小妹妹、谢谢老大娘！"男孩在说谢谢好心人的同时，脸上是虔诚的，是真心的。男孩的脸上始终是灿烂的笑容。

男孩在唱。男孩的音质好极了，台风也好极了。你根本注意不了他的下半身，他吸引你的是他从容、潇洒的上半身。男孩身上的自强不息、自信从容让你根本感觉不到他是一个高度残疾的人。有人从二层楼上的窗户给男孩用绳子吊下一个红色的塑料袋，沉沉的。男孩的母亲接过来，里面是一张和小木块捆在一起的十元钱。男孩抬头看到的是一张同样善良的脸。男孩对这张脸说："谢谢！谢谢！"

长毛始终走在男孩的前面，他要抓拍几张最好的照片，拍一段最好的 DV 在电视台做节目。长毛的肩膀忽然被人拍了一下，长毛这才发现他已经站在眼镜的门市部门前了。眼镜是长毛的高中同学。眼镜说："做节目啊？"长毛说："职业习惯嘛。"眼镜就说："给我和那个唱歌的小伙子来个特写好不好？

我给他五十元。”长毛就说：“那敢情好啊！”随后就退一步做好了拍照的准备。

这时候，男孩的母亲不知道干啥去了，男孩动不了，只能在眼镜面前的马路对面自顾自地纵情歌唱。眼镜就冲男孩招手，冲男孩喊：“嗨，过来！嗨，过来！”

男孩看了一眼眼镜，仍然在唱他的歌。马路边摆摊的小伙子给男孩送去五元钱，男孩仍然说：“谢谢、谢谢老板！祝您生意兴隆！”

眼镜就对长毛说：“小伙子的母亲怎么还不来，她不来，小伙子想来也动不了啊。”

大概十分钟后，男孩的母亲终于来了。她推起男孩的轮椅掉转了头。眼镜就喊：“嗨，过来！嗨，过来！”眼镜在喊第二句时，就把手伸进腰间的钱包里，抽出一张五十元的票子晃了晃。

周围人的目光一下子都冲眼镜射过来。

奇怪的是，男孩的车子在他母亲的推动下，从眼镜的眼皮底下很从容地向前走了。母子俩看都没有看一眼眼镜，男孩很专注地唱着他的歌，母亲的脸上很平静，如无波无澜的湖面一般。

眼镜张大的口和扬在空中捏钱的手定格了。长毛握相机的手也定格了。

周围看热闹的人群在一阵子的沉默之后，不约而同地鼓起掌来。

河滨南路，绿柳树下，那个轮椅上的男孩在母亲的推动下，如醉如痴地唱着，他的歌在冬日的阳光里更显温暖。

3. 敢于放弃牛津的女孩：因为爱

⊙余之敏

关键词：梦想　守护动物　和谐

读名牌大学，然后到国外名校深造，是多少学子的梦想。可是，北大学子李雨晗，却是个不一样的女孩——2017 年 3 月，她相继获得了牛津大学等世界名校的录取通知书，却主动放弃，而选择去三江源从事野生动物保护工作，她说去三江源要比去上学这件事情更重要……

放弃牛津，有比去上学更重要的事

李雨晗从小就爱动物。每一次遇到流浪猫、流浪狗，她都难受得要掉眼泪，渴望自己快点长大，那时就可以多多帮助流浪的小动物了。一次，幼儿园老师问小朋友们的梦想，有说当歌星的，有说当画家的，有说当科学家的……李雨晗的梦想却是做动物饲养员，这让小朋友们大笑不止。

小朋友们以为李雨晗只是说说而已，没想到高中时，她真的去动物园当了一年的志愿者，把别的女孩捏着鼻子都恶心的动物粪便清理得干干净净，让动物们有了好的生活环境。考上北大后，因为对动物持续的喜欢，她成了“流浪猫关爱协会”送养部部长，主动承担起了流浪猫的送养任务。在协会的两年里，她和她的团队每天 24 小时网络在线。无论手头有多忙，只要有人找，必定马上回复。这样的累常人难以想象，但他们收获更多的却是快乐——为 42 只流浪猫找到了新家，一时传为美谈。

因为爱，李雨晗把很多精力都放在了关注动物上。大四那年，她和吕植老师（在动物保护、学术和实践领域都很杰出的老师）相遇，和保护生物学相遇，新世界的大门就此打开。随着对吕植老师和她创立的山水自然保护中心的深入了解，她发现，喜欢动物的人不仅可以当动物饲养员，也可以在野外，在更广阔的天地发挥作用。三江源是长江、黄河、澜沧江的发源地，素有“江河源”之称，被誉为“中华水塔”。在一段时间里，这里的野生动物栖息环境质量减退，栖息地破碎化，生物多样性降低，伴随着源区植被与湿地生态系统的破坏，水源涵养能力急剧减退，直接导致“中华水塔”面临着严重威胁。得知这一情况后，她深感担忧。“再不行动，就来不及了！”听到吕植老师对全国发出的呼唤，她立刻有了一种前所未有的紧迫感，并立志本科毕业后的第一站就是去三江源，去亲历第一线的保护工作。

2017 年 3 月，她获得了牛津大学等世界名校的录取通知书，让多少人羡慕！可是，她想起了当初吕植老师问她为什么想干这一行，她说“因为爱”，这是她唯一的答案，她知道这答案远远不够——由于之前学的不是生物保护的专业，她缺少对该领域最深入的了解。“上学虽然可以获取一些知识，但并不能真正了解保护工作的现实状况，也不能了解世界，完全在想象中学习，学出来的还是会有偏差的。再说，那里环保工作刻不容缓。”经过一番考量，她认为毕业后去三江源比去上学更重要，于是她主动放弃去国外深造的机会，毅然选择去青海的三江源。

守护动物，是最正确的选择

对李雨晗的选择，很多人都觉得不可思议：“放弃牛津，你会后悔的。”

“我不后悔。”

一次特别的经历更坚定了她的选择。有一天，李雨晗在路上发现一只高山兀鹫的幼鸟在公路上乱撞，差点被来往的车辆轧死。她赶紧下车将过往的车辆拦住，同行的工作人员检查了幼鸟，它没有外伤，只是吃多了，难以在公路上助跑起飞，于是大家将它抱到了远处开阔的山上，方便小兀鹫更自在地飞翔。李雨晗说，做了这件事她感到非常开心，虽然不知道那只幼鸟最后怎么样了，但是至少确保它没有因为人为的原因受到伤害。

爸妈看到她那样开心，就没有反对她的选择。这样，2017 年 7 月，这个与别人不一样的女孩如愿来到三江源，在山水自然保护中心工作。

她所在的工作站坐落在一片平坦的草地上，毗邻奔流不息的澜沧江。

宿舍就是他们的办公场所。每天早上醒来，她立刻投入到一天的工作当中：社区访谈、放置红外相机、培训当地牧民和自然体检。

她初到时，当地人谁也不信这个大都市来的姑娘能待下去。

“连卫生间都没有哦。”

“我能克服。”

“遇上危险呢，怕不怕？”

说不怕那是假的。

一次，她去野外考察，天降大雪，路面结冰，她小心翼翼地开着车子，转弯处车子却突然打滑，差点要冲下悬崖，好险！她吓得脸都白了，真想立刻回家。可是当她看到7只雪豹在车前一晃而过，喜悦之情油然而生，顿时忘记了害怕，继续前行。

还有一次，她在野外工作，突遇瓢泼大雨，雷电交加，周围没有人烟，一片漆黑，她吓得头发倒竖，但无处可逃，只好拼尽全力往回赶。可是到了工作站她发现自己没有钥匙。在等待同事回来的几个小时里，她待在车里，紧张得手心出汗，“生怕一个雷劈过来”。那时她最大的愿望是快点回家。可是第二天看着那一片纯洁的天地，和那四处欢快奔跑的小动物，喜悦又再一次在内心荡漾开来。

更有一次，他们回到工作站，发现玻璃门碎了，以为来了熊，几个女孩吓得缩成一团。那里的牧民，几乎每家都被熊扒过，谁不怕？后来知道那是牦牛干的，虚惊一场，不过他们还是给房屋拦起了铁丝网。

到了 11 月，大雪封路，李雨晗在工作站过了一周没有电、没有火炉的原始生活，每天冻得哆哆嗦嗦。尽管如此，她没有抱怨，而是兴高采烈地去拣牛粪，一激动就发了朋友圈，被杂多县的县委书记看到了，第二天，乡里立刻送了一车煤到工作站。

环境之艰险可想而知。

可是，随着与当地藏族同胞交往的深入，他们“非常安详，一点儿也不着急”的生活让她很受触动。同时，她看到了人与动物、自然的和谐与平衡，她觉得这是她做过的最正确的选择。

最美青春，活跃在三江源上

冬日里的青海三江源国家公园白雪皑皑，风景如画，藏野驴、黄羊、牦牛等国家一级保护动物在茫茫雪原中觅食，神态悠闲——那里已经成了野生动物繁衍生息的家园，野生动物种类之多在世界范围内都属罕见。

冬季的高原上除了动物之外，还有一群可爱的人们，他们是这片高原净土的守护者，是动物最信赖的朋友——他们就是野生动物保护工作者，李雨晗便是其中的一员。

作为山水自然保护中心的研修生，她在青藏高原管理着三江源国家公园内第一个科学研究站。她的团队不单单关注野生动物，更在乎牧民与自然之间的关系协调。

在她负责的工作中，选谁做监测员负责红外相机的安装和回收，如何确认藏民家的牛羊是被野生动物吃掉的，该怎么赔偿，挑选哪些家庭接待外来的自然体验者等，都由社区内部协商确定。

“我们所做的事情，就是鼓励和帮助当地人保护好环境，尊重他们，赋予他们保护家乡的知识和技能。”她说，“以当地人为主体的保护行为才能更持久。”

在李雨晗看来，三江源的自然保护工作是她的事业，但绝不仅仅是她一个人的事业，“动物保护不是一小部分人的事儿”。动物保护需要成为一种共享观念，需要更多人的关怀与参与，于是，她把自己的朋友圈作为一个展示的小舞台——三江源的好山好水好风景、好天好地好故事都在这方舞台上铺展开来。她用饱含深情的文字、栩栩如生的图片和活灵活现的小视频来书写感受，“会有人由衷地点赞，有人来关注我们的事业，这让我觉得很开心很欣慰”。她从来不会以强行灌输的方式来让他人认识到动物保护的意义，“潜移默化”才是更为理想的状态。而她以前演讲和主持的经验也派上了用场，效果均不错。

这么多天来的工作进程，让李雨晗更加深信“自己来到了热爱事业的第一线”。

而这时，牛津大学又一次向她发出邀请：2017 年 12 月 2 日，基于她“帮助培训当地家庭进行生物多样性监测，解决人兽冲突，以及开展各种自然保护与社区发展活动”而授予她罗德奖学金，她很开心，对自己的未来有了新的规划——2018 年 9 月，她打算去牛津大学读保护生物学的硕士。她觉得多出去走走看看还是有好处的，但还是要回到中国来工作，因为中国有世界罕见的生物多样性和文化多样性，祖国有这么多美丽的山川，有这么多美丽的生灵，这些东西值得被好好地守护和发展。

因为爱，李雨晗将自己最美的青春时光奉献给了三江源。关爱动物，躬行实践，遇到再多的困难和挑战，她都始终如一地坚守在三江源的第一线，让动物保护不再是一个概念，而是一脉香火，为中华点燃。

先秦义利之辩

所谓“义”，是指一定的行为道德；所谓“利”，是指个人利益。讨论行为道德与个人利益之间的关系问题，就是“义利之辩”。

孔子提出“君子喻于义，小人喻于利”，认为义利是矛盾的，君子应重义轻利。墨家则认为义和利是绝对统一的，不存在任何矛盾。孟子认为追求义是人们的唯一目的，对利的任何关注，都有损于人们道德的纯洁性和高尚性。荀子主张“性恶论”，他认为人性有恶，强调后天环境和教育对人的影响。

各种不同的观点，体现了先秦各个阶级或阶层的不同利益和当时社会政治经济发展的水平。不过这些观点也有相通之处，重义轻利是先秦“义利之辩”的主要倾向。

整本书阅读

寂静的春天

⊙〔美国〕蕾切尔·卡森

阅读导航

你是否想过人类会有这么一天：一个原本美丽迷人的村庄，树木蓊郁葱茏，花、鸟、鱼、虫自得其乐，一切生物与周围环境和谐地生活在一起。某一天这个充满活力的村庄突然被一个奇怪的阴影笼罩：神秘莫测的疾病突然袭击牛羊鸡鸭等家畜和家禽，村庄健壮的农夫和可爱的孩子接连不明原因地死亡，最终一种恐怖的寂静覆盖田野、沼泽和树林，一切生灵销声匿迹，这个村庄由生机勃勃变成一片死寂。你想知道“案件”的“凶手”到底是谁吗？你想知道美国无数城镇的春天之声为什么会突然沉寂吗？请你阅读蕾切尔·卡森的《寂静的春天》，从书中探寻答案吧。

20世纪60年代以前，“环境保护”还没有出现在人类的议题之中，与之相反，科学技术的发展让人类征服自然的欲望极为膨胀，以至于从来没有人怀疑这种做法的正确性，直到《寂静的春天》的问世。作者呼吁人们关注DDT等化学药剂对人类生命的威胁和对自然环境的破坏，由此激起了全世界的环保运动。这本具有划时代意义的书既体现了严谨的科学精神，又充满敬畏生命的人文情怀。

在这本书中，作者提出并解答了一系列问题：“死神的特效药”DDT因其能够根绝由害虫传染之疾病而被广泛赞誉，但为什么在作者看来，正是DDT成了威胁自然乃至人类生命的死神幽灵？水、土壤和绿色植物共同组成了支持地球上动物生存的世界，但是它们又是怎样被化学药剂一步一步侵蚀，成为自然界动物的死亡温床的呢？在大肆使用杀虫剂的时代，人类自身到底付出了怎样的健康代价？既然我们生活在化学药剂笼罩的可怕环境中，人类又将用什么样的方式自我拯救呢？作者向我们指出了人类谋求未来生命健康延续的“另一条路”，这是一条怎样的路？

带着这些问题，让我们打开书本，开启一段意义非凡的科普之旅吧，在旅途中探寻人类在自然面前该如何俯下高傲的头颅，在探寻中思考人类与自然环境该如何和谐相处。

精彩选篇

死亡之河

在大西洋绿色海水深处，有许多伸向岸边的幽暗路径。鱼群会沿着这些路径巡游。虽然这些小路看不见、摸不着，但是它们确实与入海的河水相连。几千年来，鲑鱼就沿着这样的淡水路径洄游，每年它们都要回到刚出生的头几个月或几年生活过的支流。1953年夏秋两季，新布伦瑞克海岸米拉米奇河的鲑鱼从觅食的大西洋回到它们的出生地。河流的上游绿树掩映、溪流汇集，清爽的小溪轻轻流淌。秋天，鲑鱼就把卵产在河床的碎石上。在这个地区，云杉、香脂树、铁杉和松树构成了巨大的针叶林区，为鲑鱼产卵提供了适宜的环境。

这种洄游模式由来已久，年年如此，使得米拉米奇河成为北美地区最负盛名的鲑鱼产地。但就在那一年，这种模式遭到了破坏。

秋冬季节，个大壳厚的鲑鱼卵静静躺在河底母鱼挖好的浅槽中。在寒冷的冬天，鱼卵发育得很慢，等到了春天，林中溪水融化之后，幼鱼才孵化出来。起初，它们只有半英寸长，藏在河底的砾石中间，不吃也不喝，靠一个大卵黄囊生存。直到卵黄囊被全部吸收，它们才开始在溪流中觅食。

1954 年春天，米拉米奇河里有无数刚刚孵化的幼鱼，还有身上长着炫目条纹和红色斑点的鲑鱼，这些是一两年前孵化的。这些小鱼在小溪里贪婪地搜寻着各种稀奇古怪的昆虫。

随着夏天的来临，一切都在改变。那年，在米拉米奇西北部流域进行了一次大规模的喷药行动。前一年，加拿大政府为了治理云杉蚜虫而开展了这项计划。这种蚜虫是侵害多种常青树木的一种本地昆虫。在加拿大东部，这种昆虫每 35 年就会爆发一次。20 世纪 50 年代初期就发生了一次蚜虫大爆发。为了对付它们，人们开始使用 DDT。刚开始只是小规模使用，到了 1953 年，节奏突然加快了。在这之前，只是喷洒数千英亩的森林，如今已经变成了数百万英亩，其目的是拯救纸浆和造纸的主要原料——香脂树。

于是，在 1954 年 6 月，飞机造访了米拉米奇河西北流域的森林，纵横交错的白色烟雾在空中划出了一道道飞行轨迹。每英亩喷洒了 0.5 磅的 DDT，药剂穿过香脂树，落在地上，也落在林间的河流里。飞行员一心想着完成任务，他们不曾躲避河流或在飞过溪水时关掉喷嘴。不过，只要有一丝风吹草动，雾剂就会飘散很远，即使他们这样做了，也于事无补。

喷洒药剂之后不久，就出现了不祥的预兆。仅仅在两天之内，河流沿岸的鱼儿就死伤无数，其中包括很多年幼的鲑鱼。鳟鱼也无法幸免，道路边、森林里的鸟儿也在不断死去。河流中的一切生物都沉寂了下来。在喷药之前，河里的生物多种多样，构成了鲑鱼和鳟鱼的丰盛食物，包括石蛾幼虫，它们用黏液把树叶、草梗或碎石粘在一起形成了松散的掩体；在湍急的河流中紧紧贴住岩石的石蝇幼虫；还有像蠕虫一样的黑蝇幼虫，它们在浅滩的石头上或者在溪流溢出的斜岩上缓慢移动。但是，现在溪流中的昆虫全被 DDT 杀死了，那些小鲑鱼也无处觅食了。

在这样一副大肆破坏、无情杀戮的惨景中，果然不出所料，小鲑鱼也不能置身其外。到了 8 月，春天里孵化的小鲑鱼全都消失了。一年的繁殖化为乌有。一岁或者更大一点的鲑鱼，情况稍好一点。飞机经过时，1953 年生的正在河里觅食的每 6 条小鲑鱼中，只有 1 条幸存下来。1952 年孵化的鲑鱼，几乎已准备好前往大海，也死了三分之一。

这些事实之所以为人所知，是因为自 1950 年起，加拿大渔业研究会就开始对米拉米奇河西北流域的鲑鱼进行研究。他们每年会对河里的鲑鱼进行一次调查。生物学家做的记录包括：洄游繁殖的成年鲑鱼的数量，每个年龄段小鲑鱼的数量，以及河流中生存的鲑鱼和其他鱼类的正常数量。有了这些药物处理之前的完整记录，就可以精确计算喷药造成的损失了。

调查不仅发现了小鱼的损失，还揭示了河流本身发生的巨大变化。反复喷药已经完全改变了河流环境，作为鲑鱼和鳟鱼食物的水生昆虫几乎全部死亡。即使一次喷药，昆虫也需要很长时间才能恢复到支撑鲑鱼生存的数量——需要好几年，而不是几个月。

较小的昆虫，如摇蚊和黑蝇，恢复很快。它们是几个月大鲑鱼苗的食物。但是，较大的水生昆虫恢复就比较慢了，而第二年和第三年的鲑鱼要以这些昆虫为食。这些食物是石蛾、石蝇和蜉蝣的幼虫。即使在喷药的第二年，除了偶然发现一个小石蝇外，幼鲑很难发现其他食物了。为了增加天然食材的供给，加拿大人尝试在米拉米奇河贫瘠的水域培育石蛾幼虫和其他昆虫。但是，只要再次喷药，这些精心培育的昆虫一定会遭到清除。

出乎意料的是，蚜虫不仅没有减少，反而变本加厉了。从1955年到1957年，新布伦瑞克省与魁北克省的各个区域反复喷药，有些地方甚至喷了3次。到了1957年，已经有1500万英亩的土地喷过了药物。喷药暂停了一段时间，但是由于蚜虫的突然爆发，在1960年和1961年又各喷了一次。实际上，没有任何迹象表明喷药计划只是权宜之计（通过几年的连续喷药，避免树木脱叶死亡），所以随着喷洒的进行，副作用也在延续。为了减少鱼类的损失，在渔业研究会的建议下，加拿大林业局把DDT浓度从每英亩0.5磅降到0.25磅（在美国，每英亩1磅的致命标准仍在使用）。在对喷药效果观察了几年后，加拿大人发现了一个进退两难的情况：如果继续喷药，对于那些喜欢垂钓鲑鱼的人们没有任何好处。

一系列不同寻常的事件拯救了米拉米奇河西北部的鱼类，但这样巧合的井喷事件在一个世纪之内再也不会出现了。我们有必要了解一下事情的经过和原因。

正如我们所知，在 1954 年，米拉米奇河西北流域已经喷洒了大量药物。此后，除了 1956 年在一个狭窄地带喷过药外，整个支流上游没有再喷过药。1954 年秋天，一个热带风暴对米拉米奇河的鲑鱼产生了重要影响。艾德娜飓风一路北上，给新英格兰地区和加拿大海岸带来了倾盆大雨，形成的洪流裹挟着大量淡水奔流入海，吸引来了大量鲑鱼。因此，河床的砾石间出现了数目繁多的鱼卵。1955 年春天在米拉米奇西北部孵化的幼鲑获得了理想的生存环境。虽然去年 DDT 杀死了所有的水生昆虫，但最小的昆虫——摇蚊和黑蝇，已经得到了恢复。它们是幼鲑的主要食物。因此，那年的鲑苗不仅有丰富的食物，而且几乎没有争食者。这是因为，较大的幼鲑已经在 1954 年被药剂毒死了。相应地，1955 年的鱼苗生长迅速，并大量存活下来。它们很快在河流中完成了发育，随后奔向大海。1959 年，大量鲑鱼返回河流，并产下了很多鱼卵。

米拉米奇河西北流域状况相对较好，是因为只喷过一次药。从其他河段可以明显看出重复喷药的后果，那里的鲑鱼正急剧减少。

在喷过药的河流里，各阶段的幼鲑都很少见。据生物学家报告，鲑鱼苗经常“全军覆没”。米拉米奇河西南段在 1956 年和 1957 年都喷过药，结果 1959 年的捕鱼量是 10 年来最少的。渔民议论着洄游鲑鱼的急剧减少。在米拉米奇河口的采样处，1959 年洄游的幼鲑仅是上一年的四分之一。1959 年，米拉米奇河首次入海的两岁幼鲑仅有 60 万条，不到过去 3 年（任何一年）的三分之一。在这样的背景下，新布伦瑞克的鲑鱼业只能指望找出 DDT 的替代品了……

除了喷洒的程度和详尽的事实之外，加拿大东部的情况并不特殊。缅因州同样有云杉和香脂树林，也面临昆虫防治问题。缅因州也有鲑鱼洄游的河流——这是冰川时代的残留物，即使生物学家和环保人士想为鲑鱼保住这份残羹冷炙也是十分困难的，因为工业污染和大量原木的阻塞使河流不堪重负。尽管这里也喷了药，来对付无处不在的蚜虫，但受到影响的区域却相对较小，而且也没有影响到鲑鱼产卵的主要河流。但是缅因州内陆渔猎管理局观察到的鱼类状况，可能是一个非常凶险的征兆。

该局报告说："1958 年喷药过后，在大戈达德河中立刻就发现了大量濒死的鲫鱼。它们表现出典型的 DDT 中毒症状：游动的姿势很奇怪、冒出水面大口喘气、不停颤抖、痉挛。喷药后的 5 天内，两张渔网发现了 668 条死亡的鲫鱼。在小戈达德河、卡里河、阿尔德河以及布雷克河，都发现了大量死去的鲦鱼和鲫鱼。经常有一些虚弱、濒死的鱼儿沿着河流向下游漂去。在一些地方，喷药一周后，还会发现变瞎的、濒死的鳟鱼顺着河水漂流。"

各种研究证实 DDT 可能导致鱼类变瞎。1957 年，一位生物学家观察了温哥华岛北部的喷药后报告说，原来很凶猛的鳟鱼，现在可以轻易地从河中徒手捞出，因为它们游动很慢，根本无力逃脱。检测发现，鳟鱼的眼睛蒙上了一层白膜，说明它们的视力已经受到了损伤或者完全瞎了。加拿大渔业局的研究显示，没有被浓度为百万分之三的 DDT 杀死的银鲑都出现了眼盲症状，表现为晶体混浊。凡是有森林的地方，昆虫防治的现代方法就会威胁到树荫遮蔽下的淡水鱼类。

1955 年，黄石公园内部和周围的喷药造成了美国鱼类被屠杀最出名的一个例子。那年秋天，黄石河中发现的死鱼数量之大，使渔猎爱好者和蒙大拿渔猎管理人员都感到极为震惊：约 90 英里的河流受到影响，在 300 码长的一段河岸，发现了 600 条死鱼，包括褐鳟鱼、白鱼和鲫鱼。鳟鱼的天然食物——水生昆虫也已经消失了。

林业局的官员宣布，他们是根据建议，按每英亩 1 磅 DDT 的“安全”标准执行的。但是，喷药后果说明这种建议并不可靠。1956 年，蒙大拿渔猎局与另外两个联邦机构——鱼类与野生动物管理局和林业局，开始进行联合研究。在这一年，蒙大拿州共喷药 90 万英亩；1957 年，又处理了 80 万英亩。所以，生物学家很容易就能找到研究对象。

死亡的方式总是以一种典型的模式呈现出来：森林上空弥漫着 DDT 的气味，水面上漂着一层油膜，岸边是死去的鳟鱼。不管是活的还是死的，检测过的鱼的体内都发现了残留的 DDT。与加拿大东部的情况一样，喷药导致了生物饵料的锐减。很多地方的研究都表明，水生昆虫和其他河底生物的数量减少到了原来的十分之一。鳟鱼捕食的昆虫一旦遭到毁灭，需要很长时间才能缓过来。即使到了喷药第二年的夏末，也只有少量的水生昆虫恢复。有一条河流，其深水生物曾经异常丰富，但是现在几乎见不到昆虫了。这条河里的可供垂钓的鱼儿也减少了 80%。

（韩正 / 译）

阅读规划

这本书是典型的科普作品，阅读科普作品，难免会遇到一些专业性较强的概念和术语。你可以动手查查资料，用心钻研，一定能准确把握这些概念和术语的含义。同时，你可以用所学的学科知识加以验证，从而对作者的见解进行判断，这样你就具备科普作品所提倡的科学精神了。将科普知识放在生活中进行验证，是阅读科普作品的重要方法之一，读完作品后尝试一下联系现实生活，这样你的认知就更深刻了！

用大约两周的时间阅读本书，并将你的阅读情况记录在下面的表格中。

章节	计划阅读 起止时间	阅读随记	完成情况
第一章	月　日　时至 月　日　时		
第二章	月　日　时至 月　日　时		
第三章	月　日　时至 月　日　时		
第四章	月　日　时至 月　日　时		
第五章	月　日　时至 月　日　时		
第六章	月　日　时至 月　日　时		
第七章	月　日　时至 月　日　时		
第八章	月　日　时至 月　日　时		
第九章	月　日　时至 月　日　时		

（续表）

章节	计划阅读起止时间	阅读随记	完成情况
第十章	月　日　时至 月　日　时		
第十一章	月　日　时至 月　日　时		
第十二章	月　日　时至 月　日　时		
第十三章	月　日　时至 月　日　时		
第十四章	月　日　时至 月　日　时		
第十五章	月　日　时至 月　日　时		
第十六章	月　日　时至 月　日　时		
第十七章	月　日　时至 月　日　时		

交流平台

问题一：这是一部科普作品，通过阅读，你感受到了作者怎样的科学理念和人文情怀？

提示：课后查阅作者相关资料和本书的写作背景，有助于深化对这个问题的理解。

问题二：有人认为，作者的文字里充满了感情，却掩盖了科学性，有一点激进。和你的同伴交流一下，在班里开展一场辩论赛，就这个问题进行辩论。

提示：1. 选择合适的角度讨论这个问题，比如作者的写作目的等。

2. 可以结合当前的全球环境问题加以讨论。

敬 启

为编好这本书，我们与收入本书的作品（含图片）作者进行了广泛联系，得到了各位作者的大力支持。在此，我们表示衷心的感谢。但是，由于个别作者地址不详，虽经多方努力，仍无法取得联系。敬请各位有著作权的作者尽快与我们联系，以便我们支付稿酬，并致谢忱！

我们还要感谢使用本书的师生们。希望你们在使用本书的过程中，能够及时把意见和建议反馈给我们，对此，我们深表谢意，并将给予一定奖励。让我们携起手来，共同完成本书的建设工作。

联 系 人：梁老师　张老师

联系电话：010-58022100

联系邮箱：ztxx2008@sina.com

网　　址：http://www.ywztxx.com

地　　址：北京市海淀区知春路7号致真大厦A座18层

图书在版编目（CIP）数据

岁月留痕 / 林楚涛主编. — 上海：上海教育出版社，2021.6

ISBN 978-7-5720-0817-7

Ⅰ. ①岁… Ⅱ. ①林… Ⅲ. ①阅读课—初中—教学参考资料 Ⅳ. ①G634.333

中国版本图书馆CIP数据核字（2021）第142048号

责任编辑　李清奇
封面设计　陈丽娟　王艺霖
著作权人　北京华樾教育科技有限公司

岁月留痕

林楚涛　主编

出版发行　上海教育出版社有限公司
官　　网　www.seph.com.cn
地　　址　上海市永福路 123 号
邮　　编　200031
印　　刷　肥城新华印刷有限公司
开　　本　720×1010　1/16　印张 66
字　　数　900千字
版　　次　2021年8月第1版
印　　次　2021年8月第1次印刷
书　　号　ISBN 978-7-5720-0817-7/G · 0633
定　　价　268.00元

如发现质量问题，请向本社调换　　电话 021-64377165